大家之家

艺术卷　3

车吉心　谭好哲　主编

泰山出版社 · 济南 ·

图书在版编目（CIP）数据

大家之家. 艺术卷. 3 / 车吉心, 谭好哲主编. --济南：泰山出版社, 2020. 1

ISBN 978-7-5519-0567-1

Ⅰ. ①大… Ⅱ. ①车… ②谭… Ⅲ. ①艺术家—列传—世界 Ⅳ. ①K811-49

中国版本图书馆CIP数据核字（2019）第166895号

主　　编　车吉心　谭好哲
策　　划　胡　威　梁晓东
责任编辑　王艳艳
装帧设计　路渊源

DAJIA ZHI JIA: YISHU JUAN 3
大家之家：艺术卷 3

出　　版　泰山出版社
　　　　　社　　址　济南市泺源大街2号　邮编　250014
　　　　　电　　话　总编室（0531）82022566
　　　　　　　　　　市场营销部（0531）82025510　82023966
　　　　　网　　址　www.tscbs.com
　　　　　电子信箱　tscbs@sohu.com
发　　行　新华书店
印　　刷　东港股份有限公司
规　　格　787 mm × 1092 mm　16开
印　　张　11.5
字　　数　160 千字
版　　次　2020 年 1 月第 1 版
印　　次　2020 年 1 月第 1 次印刷
标准书号　ISBN 978-7-5519-0567-1
定　　价　46.00 元

序　言

呈现于读者面前的这套丛书命名为《大家之家》。所谓大家，即世界史上科技文化领域卓越非凡之人物，或曰伟大人物，而大家之家，乃大家曾经所居之所也。

在人类文明的发展史上，涌现出无数堪称大家的人物，他们以其令人景仰的道德品行、永载史册的丰功伟业、博大精深的文化创造，将人类历史的浩瀚长空映照得美丽璀璨。这些文明史上的大家，以各自超凡拔俗的人生业绩，在历史的舞台上展示出生命的奇迹与荣光，也铸就了人类文明的辉煌与魅力，其成就、思想与精神为后人所神往、敬仰以至崇拜，成为泽被后世的永恒精神财富。

诚如19世纪英国著名文学家、社会批评家和历史学家托马斯·卡莱尔所言，伟大人物是历史上的英雄，也是世界历史的精华，世界史上所取得的种种成就都烙刻着他们的创造，在广义上说是他们思想的外化和具体化。因此，追随大家的生命历程，与大家相识相知，以他们为人生的借镜与楷模，不仅能够领略人类文明的雄壮景观与创造精华，也能够从中获得无穷的人生教益与生命动力。卡莱尔满怀激情地写道：“对于这些伟大人物，无论你以什么方式同他们接近，他们都是你有益的朋友。一个伟大人物，尽管他并不十全十美，我们也不能小觑他，从而失去他的帮助。他是一束光，靠近他就使人愉悦欢欣。他是一束耀眼的光芒，照亮了世界上的黑暗；他绝不仅仅是一盏点燃的灯，而是一颗沐浴着上帝的恩泽而闪闪发光的明星；在我看来，这永不熄灭的光芒使人茅塞顿开，令人刚毅坚强，促人英勇崇高。在它的照耀下一切人无不感到愉快，无论何时，人们都不会因此而生倦意。”这段由衷的赞美，也正体现出本丛书为大家立传的用意所在。

当然，历史上的大家也都是尘世中人，他们之所以能够成就其人生与事业之大，不是靠神灵的独特恩宠，也不完全是靠人生的偶然与运气，而主要是靠个人的努力与奋斗。其努力与奋斗的人生轨迹千差万别难以尽述，然而又有殊途同归的相似相同之处可以言说，其中之一便是家对于人生成长与成败所具有的意义。人人都生而有家。家是生命的孕育之地，是人生的成长之所，也是生命的行走驿站，亲情、友情、爱情、乡情都会在家里留下或深或浅的印记，甚至科技发明和文化创造中的苦思与妙想、艰辛与欢欣等等，也往往冥冥之中与家有着不解之缘。因此之故，历史悠久的家会成为物质文化遗存，名人故居更是成为人们倍加珍视的一种文化遗产。这种遗产是一个国家与民族历史文化成就的重要标志，不仅对于研究人类文明的演进具有重要意义，而且对于展现世界文化多样性也具有独特作用。这又是本丛书聚焦于“大家之家”的用意所在。

“大家之家”，既是大家之故居，也是大家之精神所在，还是人们游览与精神朝拜的场所。作为一种独特的历史和文化遗存，大家故居，虽然历经时光淘洗而往往物是人非或旧貌不再，但依然记录并留下了曾居其中的大家日常生活的点点滴滴，沉淀着历史、人文、经济、社会等诸多信息，成为名人精神的象征物，具有无可替代的人文价值和历史意义。本丛书着眼于通过“家”这种有形的文化遗存，来展现人类无形的精神文化遗产，以期达成对青少年甚至一般社会人士进行优秀文化传承教育之目的，从出版的角度也是希望能够在优秀文化传承教育方面另辟蹊径，作出新的探索。

本丛书从读者易于接受的角度考虑，在书写方式上也做了大胆的尝试。全书各篇都从大家的居住之处切入历史，以专业而通俗、轻松而深刻的文字为大家作传，通过对大家的人生故事、辉煌成就及思想创造的描写与评述，带领读者走进大家的成长过程、情感世界及奋斗历程，进而走进大家的精神世界，领略其博大的思想、境界和胸怀。这种写法以“大家之家”作为精神旅游的目的地，由作者作为一个面对读者娓娓道来的精神导游者，大大拉近了普通读者与伟大人物之间的历史与精神距离，避免了读者由于学识不足或专业隔膜带来的阅读障碍。相信每一位智慧而有志向的读者都能通过书中大家的奋斗经历和辉煌业绩，获得生命启示，点燃生命激情，树立远大理想，沐浴着精神的阳光走上人生奋斗之路，攀上人生理想之巅，像书中的大家一样无愧于自己的人生之旅，绽放出生命的大美与崇高！

谭好哲

（山东大学文艺美学研究中心教授、博士生导师）

2019.7

目　录

列　宾

波罗的海沿岸的圣彼得堡，犹如一颗璀璨的明珠。无论是矗立在涅瓦河边的青铜骑士，还是五颜六色的郁金香花海，都是这座城市独特而灵动的立体名片。在圣彼得堡市区西北方向40余公里处，有一座古老的小镇，起初它被称为库奥卡拉镇。小镇上，一座别致的庄园尤为引人注目。

这是一座被称为“别纳特”的庄园，庄园里树木葱茏，小河蜿蜒流淌，水面上还悠悠地荡着厚厚的绿藻。每天清晨或者黄昏，年过半百的主人都会在河岸边作画或者冥想。在这座庄园简约的木板栅栏门上挂着一块牌子，上面用罗马文写着庄园的名字“ПЕНАТЫ”，这也是古罗马神话中住宅守护神的名字。为这座庄园命名挂牌的是庄园的主人，俄国画家伊里亚·叶菲莫维奇·列宾。

1899年，列宾买下了一片林地，在这片林地上建造了别纳特庄园，不久后偕爱人诺尔德曼搬了进去，并在这处寓所度过了生命中最后的30年。列宾建造别纳特庄园时，这里还属于俄国，俄国十月革命之后，这里被划归芬兰，于是列宾便成了“芬兰人”。

列宾故居（俄罗斯圣彼得堡别纳特庄园）

之后，他虽然想回到祖国俄国，但因为年龄、身体等各种原因未能如愿。

列宾迁入别纳特之时，他的名字早已家喻户晓，他创作的《伏尔加河上的纤夫》《库尔斯克的宗教队伍》《伊凡雷帝杀子》《意外归来》《查波罗什人给土耳其苏丹回信》等画作已蜚声海内外，每一幅都给这个天才画家增添了无数的荣耀与光环。列宾一迁到库奥卡拉，人们便奔走相告：大名鼎鼎的画家列宾来这里住了！然而鲜为人知的是，列宾建造别纳特，是为了安慰刚失去爱女的爱人诺尔德曼。

在迁入别纳特庄园之后，列宾的艺术创作开始走下坡路，作品大多是为贵夫人和其他体面人物画的肖像画，但这并不影响这位画家在人们心目中的地位。列宾，这位杰出的批判现实主义画家，被誉为“巡回展览画派最伟大的旗手”。列宾之于俄国，犹如莎士比亚之于英格兰，歌德之于德意志，雨果之于法兰西。著名的《田野》杂志评价列宾与托尔斯泰为“俄国大地上的两位天才”。为了纪念曾在此居住过的伟大画家列宾，库奥卡拉镇更名为列宾诺，并在当地设立了列宾纪念馆。

如烟往事

1844 年 7 月 24 日，列宾出生在俄国丘古耶夫的一个军屯户人家。在屯垦地的辛勤劳作，让列宾从小就体会到了生活的艰辛。列宾多次目睹了军屯户因犯下微小的过失而遭到残酷鞭挞惩罚的场景，在心里埋下了仇恨沙皇制度的种子，而且这些场景都成为日后列宾创作的素材。受在画坊当学徒的表哥的影响，列宾从小就对绘画产生了浓厚的兴趣，并且开始在此方面显露出才能，小小的年纪便已经可以通过画圣像画和肖像画来补贴家用。10 岁时，列宾进入军事测绘学校，接受了为期 3 年的画图教育，后来由于学校被关闭，被迫中断学习。在这里他开始接触水彩颜料。通过这 3 年的学习，列宾有了扎实的绘画基础。1857 年，列宾开始师从著名的圣像画师伊万·米哈伊洛维奇·布纳科夫学习绘画。因为他天赋极高又学习刻苦，很快便成长为独立的画师。天才即使身处偏远的小镇，也能很快脱颖而出。

1863 年，19 岁的列宾来到圣彼得堡，进入绘画学校学习，并在此结识了他的另一位老师克拉姆斯柯依，开始了两人亦师亦友的情谊。1864 年，列宾进入了俄国的最高学府——圣彼得堡美术学院学习。后来列宾这样回忆他成为美院学生的心情："经过多少年的朝思暮想、痛苦失望，我终于进入了这梦寐以求的地方，能够学习渴慕不已的课程。"[①] 在圣彼得堡美术学院学习的日子里，他画素描、练构图、做雕塑、听美术史课，如饥似渴地汲取各种知识，这为他日后的艺术创作奠定了良好的专业基础。其间，列宾多次获得学生创作竞赛的奖励。列宾每次考试后，都会把自己的作品带给老师克拉姆斯柯依看，认真倾听他的意见和指点。

1871 年，列宾的毕业作品《睚鲁女儿的复活》获得了美院的一等

① 楚科夫斯基．列宾回忆录：上册 [M]．殷涵，田彬，译．北京：人民美术出版社，1984：182．

金质奖章。这幅画中，列宾描绘了《圣经·马克福音》第五章中耶稣救活睚鲁女儿的场景：睚鲁的女儿躺在洁白的床上，大大的被子盖住姑娘瘦弱的身躯，耶稣镇定自若，拉住睚鲁女儿的手，仿佛奇迹正在发生。这幅画作的成功，与列宾年幼时画圣像画的经历密不可分，在家乡多年的圣像画创作经历使列宾创作宗教题材时驾轻就熟。同时，列宾在初期的创作当中，就加进了自己对艺术与现实的思考，并在构图上花了个把月工夫："想象人物，改变他们的动作，主要是寻求漂亮的线、点和群众的古典主义形式。就在那个时候，我受到克拉姆斯柯依谈话的影响，为了建立我们俄罗斯真实的独立艺术，越来越坚决否定古典主义思潮和学院画派。最后，发展到我决定彻底抛弃美术学院，离开美术学院自谋出路，开始过新方式的生活。"①这样的艺术观念，为之后列宾的批判现实主义创作做了良好的铺垫。

因为毕业作品的成功，1871 年列宾得到了为期 3 年的出国进修机会。也是在这一年,列宾认识了后来成为他妻子的薇拉。1871 年的一天，著名雕塑家施维佐夫邀请列宾到自己家中为自己画像，也因此让列宾结识了他的小女儿薇拉。薇拉长相清秀，性格文静，对列宾倾慕有加。列宾对薇拉也心生好感。不久之后，两人坠入爱河。1872 年，两人步入婚姻的殿堂。同年，他们的第一个女儿出生。1873 年，列宾偕妻子女儿出国研究欧洲美术，曾先后旅居意大利和法国。列宾游学时正值印象派曲折发展期。过去长期在俄国生活的列宾一方面无法认识到印象派的前卫性，一方面被印象派干扰了原先对于艺术的认识。不知何去何从的列宾十分困惑。苦恼之时，列宾画了许多表现法国自然风光的风景画，并尝试着将法国的绘画理念融入其中。随着对技巧的反复斟酌和运用，列宾的绘画风格逐渐有了根本性的突破，尤其是在色彩表现方面，从原来的灰暗到明亮，在不知不觉间列宾的绘画风格有了较大转变。除此之

---

① 楚科夫斯基．列宾回忆录：下册[M]．殷涵，田彬，译．北京：人民美术出版社，1984：729.

外，列宾还大量临摹古典大师的作品，研究材料技法和刻画人物精神状态的绘画技巧，比如，他曾临摹过荷兰画家哈尔斯的作品，并给予了哈尔斯很高的评价。列宾认为哈尔斯是一个生气蓬勃又豪放的美术家，其画作在表现生活和刻画表情方面尤其出色。3 年的时间，列宾从大师的作品中认识到艺术家肩负着反映现实生活和展现人物心理状态的崇高使命；一幅佳作除了要有绘画技巧，还要有灵魂……这些创作理念成为其一生的追求。

这次进修给列宾带来的不仅是艺术上的启发和心灵上的震撼，还有对人性的思索。留学期间，列宾创作了《桌旁的男人和女人》《乡村少女》《芭蕾舞台》《通往蒙马特之路》《黑少女》等作品。限于当时俄国的发展水平，列宾所探索的新的艺术语言在国内并没有被接受，所以这批代表着列宾留学成果的作品并没有被俄国的同行所认可。列宾 1876 年在巴黎创作完成的《萨特阔在水下王国》更是被艺术评论家斯塔索夫批评为凭空杜撰。《萨特阔在水下王国》依据俄国民间叙事诗歌所作，讲述了俄国神话传说中的英雄萨特阔来到水下王国的故事。萨特阔精通音律，

故居个性的大门

他的美妙音乐感动了海洋之王，海洋之王帮助他获得财富，成为一个有钱人。海底世界里美女如云，萨特阔却对她们不屑一顾，而是专注地仰望着在高台上的女友。列宾对水下虚幻世界的现实表现展现了他高超的艺术才能。

美即生活

炎炎烈日下，大地被炙烤得焦黄。伏尔加河河畔，11 个筋疲力尽的纤夫拉着货船从远方走来。他们步履艰难地走过风雨，走过岁岁年年，低沉的号子与河水的悲吟，仿佛在诉说着生命的艰辛与顽强。这就是举世闻名的油画《伏尔加河上的纤夫》，而列宾创作这幅画的时候就像画面中的纤夫一样生活艰辛。

1869 年的一天，时为美院学生的列宾在涅瓦河上写生，他远远地看到河岸上有油亮的物体在蠕动，走近后才发现这是一群套着绳索拉平底船的纤夫。在列宾的眼中，河岸边纤夫辛苦劳作的画面与河岸上红男绿女热闹的场景形成了鲜明的对比，他敏锐地觉察到纤夫是底层劳动人

《伏尔加河上的纤夫》

民的最佳代言人，是揭示俄国当时畸形社会制度的不二人选，不禁感慨这才是真实的俄国。那些举步维艰的纤夫拉纤的场面深深地震撼着列宾，从那天起，列宾萌生了创作这幅画的念头。次年，列宾开始着手绘制初稿，其间他一次次去伏尔加河体验纤夫的生活，先后用油画、水彩画、素描等绘制草图，前后总共花了 3 年时间才完成这一巨作。1871 年，列宾获得公费出国的机会后并未马上出国，而是搁置了两年，直到 1873 年才动身。除了要同薇拉举行婚礼这个原因外，还有一个重要的原因就是《伏尔加河上的纤夫》尚未完成。但凡自己热爱的事物，人们总是愿意用尽一切力量让它变得更好。为了完成这幅画，新婚不久的列宾带着妻子薇拉踏上了去伏尔加河的列车。列宾甚至还与纤夫们住在一起，以求更真实地反映他们的生活状态。多年以后，中国文艺理论家周扬这样论述艺术家与生活的关系：“一个创作者必须更广泛地，多方面地，而且更深入地，即是在一种日常生活上去和人接触，你得要和他们做朋友，谈家常话，心坎上的话，做到彼此心理上不再有一点戒备或隔膜。他们的心将完全袒露出来任凭你看。这时候你就可以看到真正的民众了，你所了解的就将不是民众的抽象概念，而是具体的有血有肉的个人了。”① 列宾通过观察，不断更新画作中的人物组合，最后油画中呈现的 11 个人物，不管是领头的老者，还是红衣少年，都各具神态，眉宇间都藏着不同内涵的惆怅。

列宾通过《伏尔加河上的纤夫》想要表现的，是贫穷又富饶、柔弱又强大的俄国形象。它不仅要再现人民的痛苦和不幸，而且要显示人民的力量和未来。这幅倾注了列宾数年心血的作品在 1873 年展出的时候，获得了巨大的成功，列宾收获了广泛的赞誉。在当年 5 月份维也纳的万国博览会上，《伏尔加河上的纤夫》引起了轰动，列宾的名字不断出现在各国的报刊上。然而，圣彼得堡美术学院的院长布鲁尼却对这幅画投

① 周扬. 周扬文集：第 1 卷[M]. 北京：人民文学出版社，1984：333.

来了异样的眼光。布鲁尼院长对自己学生的作品大为恼火并公开批评这幅画是对艺术最大的亵渎，他认为这种表现粗野生活的创作不应该被搬上艺术殿堂。即便这样，列宾依然获得了圣彼得堡美术学院授予的“最佳表现力”金质奖章。值得一提的是，那位院长并未因此改变自己的观点。

19 世纪 70 年代，俄国的批判现实主义文艺发展到鼎盛时期。批判现实主义画家反对当时俄国保守的、取材于西方的古典主义艺术思想，希望艺术能为普通人服务，主张用绘画作品来鼓舞人心和表达社会理想。他们的作品多以通俗易懂的方式表现人们的日常生活，他们认为只有现实生活才是艺术创作的基础。这些画家在 1870 年成立了“巡回展览美术家协会”。1878 年，列宾加入其中。他响应该画派“真实地描绘俄国的历史、社会、生活和大自然，揭露沙俄专制制度”的主张，在充分观察和深刻理解生活的基础上，以其丰富、鲜明的艺术语言创作了大量的绘画作品，表现了俄国人民的贫苦及其对美好生活的渴望。这种艺术思想来自同时代的哲学家、作家车尔尼雪夫斯基“美即生活”的美学原则，符合现实生活的本来面目和客观真理，这也是伦勃朗、米莱、库尔贝在内的现实主义绘画大师所主张的。正如车尔尼雪夫斯基所说 :“在通常的概念中，最主要的是观念；而在我们的概念中，最主要的却是生活。在那种概念中生活所以能够纳入美的范围，无非因为它是观念的表现，可是在我们看来，生活却是美的本质。”[①] 对于列宾来说，艺术就该反映社会现实与人民疾苦，他的作品与其说是描绘了人物的肖像，不如说是描绘了一个社会、一个时代。

① 车尔尼雪夫斯基. 车尔尼雪夫斯基论文学：中卷 [M]. 辛未艾，译. 上海：上海译文出版社，1979：34.

用画笔还原历史

列宾从小就从父辈那里听到过许多乌克兰的历史英雄故事，他的名画《查波罗什人给土耳其苏丹回信》就是一幅根据乌克兰历史史实和传说而创作的佳作。这幅画以英雄的群像和丰富的色彩，生动地描绘了乌克兰查波罗什人的传奇故事。

17 世纪的某一天，在首领伊凡·谢尔各的召集下，一群查波罗什人围坐在桌边给土耳其苏丹王回信。他们用讽刺、嘲弄、尖刻的语言，回击土耳其人对他们的诱降，耻笑苏丹王的痴心妄想。这就是《查波罗什人给土耳其苏丹回信》中所表现的场景。画作充分展现了列宾对于机智勇敢的查波罗什人的欣赏，以及对于自由自在生活的向往。1878 到 1891 年间，列宾创作完成了这幅画并多次进行修改。在这幅画中，列宾刻画了诸多丰满而独特的人物形象。笑声笼罩下的查波罗什人以桌子为中心，姿态或站立或倚坐，服饰或艳丽或素淡。由于年龄、体态、性格、经历的不同，有的人在嘻嘻作笑，有的人在仰天大笑，有的人则目光淡定、从容不迫。在这笑的“合奏”当中，伊凡·谢尔各叼着烟斗，文书

列宾依然像大树一样挺立在人们心中

则拿着鹅毛笔匆忙把大家的妙句记录下来。通过这幅画，我们仿佛置身人群之中，被这群查波罗什人的英雄气概所感染，为壮士们身上流露出的豪放与无畏所折服。

为了创作这些栩栩如生的人物形象，列宾亲自到乌克兰游历，体验查波罗什人的生活。他以极大的热情塑造了这些外表、姿态各异的人物。列宾通过还原具体的历史细节，再现了查波罗什人的一段光荣历史。

在19世纪70年代中至19世纪90年代初的10多年中，列宾的佳作接连不断，除了《查波罗什人给土耳其苏丹回信》，另一幅历史画《伊凡雷帝杀子》（原名《1581年11月16日恐怖的伊凡和他的儿子》）也曾轰动了俄国画坛。俄国的第一位沙皇是伊凡四世，他富有才智、精明能干，在治理国家、扩大领土方面功勋卓著，然而他的统治是建立在恐怖与血腥之上的。由于政见不同，伊凡四世经常与继承者发生激烈争吵。终于，在一次争吵中伊凡四世怒不可遏，便把手中的权杖向儿子扔了过去，结果正中其头部，儿子头破血流而死。此事使人们感到惊骇和恐怖，故人们称他为“伊凡雷帝”，即“恐怖的伊凡”之意。列宾的《伊凡雷帝杀子》描绘的就是这一事件。画作中伊凡抱着血流如注的儿子坐在地毯上，这位沙皇瞪大的双眼中充满惊恐与颓丧，因冲动而导致王位继承人惨死的悔恨在伊凡脸上体现得淋漓尽致。列宾创作这幅画是为了影射他所生活的时代。1881年革命者刺杀沙皇事件，引发了俄国全境的血腥屠杀，全国人民对政府残忍杀戮的行径感到十分愤怒并

列宾雕像

进行了反抗。画家着重刻画了伊凡惊慌的眼神和消瘦的脸庞，以此来表现他对杀子的悔恨，此时兽性与人性同时在他身上体现出来。

当1873年列宾的油画《伏尔加河上的纤夫》终于完成并展出的时候，托尔斯泰开始着手创作小说《安娜·卡列尼娜》，两位巨人都在用自己手中的笔对当时俄国的封建农奴制度进行着抨击。1880年的一天，当艺术评论家斯塔索夫将托尔斯泰带进列宾的画室时，原本在进行创作的列宾欣喜若狂、手足无措，这两位俄国同时代的文艺和文化巨人自此开始了多年的友谊。在所有朋友当中，列宾对于托尔斯泰最为敬重，甚至到了崇拜的地步。1885年，列宾完成了《伊凡雷帝杀子》的创作，托尔斯泰见到这幅画后，受到震撼并表达了对此画的极度赞赏。在创作此画的时候，列宾为了将人物、情景展现得更加真实，不仅亲自制作了伊凡四世的服装，还在家里布置了“沙皇寝宫”，甚至请来画家米塞耶多夫当伊凡雷帝，请来青年作家迦尔逊当伊凡雷帝的儿子。他认为，画家要把使人陶醉的魅力和打动自己的形象倾注到作品之中。在这方面，他展现出了洞悉人物心理与表现情感冲突的天赋。然而不幸的是，1913年，也就是在《伊凡雷帝杀子》展出28年后，一个手持利刃的男子来到特列恰科夫画廊，竟将《伊凡雷帝杀子》划破三处。犯罪者是一个年轻的教徒，名叫阿布拉姆·巴拉绍夫。后来几经侦查也未能查明究竟是什么原因致使该年轻人做出如此疯狂之举。经过专家精心修复，《伊凡雷帝杀子》表面上已看不出破损，但是画作受到损伤之后，只能用特别的镜框固定于特列恰科夫画廊一个展厅的墙面上。

列宾在创作历史题材的作品时，哪怕是细微的生活现象，他都会深入其中发掘其深刻意义。他说：“在各个民族的历史上，在艺术的代表作品中，最吸引我的总是市民和各个团体公共生活的具体表现的瞬间时刻，而且当然是在共和体制下的具体表现时刻。这些时代留下的每一件小事中可以看到和令人感觉到一种非同寻常的精神振奋、精力旺盛：人们天才地、精力充沛地创造的一切都具有普遍广泛的崇高意义。”[①]列宾以学者的严谨缜密来研究当时人物的生活方式、风俗习惯，研究他们的服装、武器和器具，用他的画笔画出了一幅幅不朽之作，并以他的方式对君主专制给予公开的、勇猛的、果敢的抨击。

用画布展现时代

19世纪80年代末，列宾的声名达到顶峰。正是在这个时期，列宾退出了与之有多年联系的巡回展览协会。关于退出的原因，他解释说：“我的决定是不可更改的，是坚决的。协会已成了衙门，我长期以来大声呼吁反对这种讨厌的作风，但我发现我是孤立的。我从美院的官僚们手中逃出来，可这里也被官僚们统治。最好让我独自一个人，这样我可以安宁一些。”[②]可见，列宾之所以选择退出，并非出于与画派的艺术观念相左，而更多是与协会内部的管理有关。

19世纪后期，在一批批革命者们顽强反抗沙皇统治的时候，列宾用他的画笔绘制了一幅幅反映革命者斗争题材的优秀作品。

说到革命气节，中国读者总会想起谭嗣同“我自横刀向天笑，去留肝胆两昆仑”的《狱中题壁》，而列宾的那幅《拒绝忏悔》，也表现了革命者的精神面貌。对于面临死亡的革命者来说，拒绝向神父忏悔是他们向沙皇暴政做出的最有力也是最后的抗争。在《拒绝忏悔》中，列宾只保留了两个主体——革命者与神父，丝毫没有多余的景物。昏暗的牢房里，两个人四目相对，但革命者面对神父并没有表现出恭敬的神态，他只是微微倾斜身体，言行举止间透露出对神父的轻蔑，他早已将生死置之度外。要改变社会现状就要制造舆论声势，就要有不畏艰险的宣传者

---

① 普罗罗科娃．列宾传[M]．焦广田，译．郑州：海燕出版社，2005：226.

② 李明滨．列宾与拜纳忒庄园[M]．济南：山东友谊出版社，2007：63.

挺身而出，列宾的另一幅画作《宣传者被捕》，就描绘了革命宣传员对沙俄暴政的抗争。画作中央，宣传者的一袭红衣十分醒目，而告密者则隐藏在人群后方，在黑暗中静静坐着，两种力量的角逐使得画面极具张力。散落一地的物品，从一个侧面反映出警察搜查时的粗暴，也让观众为革命者感到忧心：这个革命者，又将遭受怎样的酷刑？

不过，他画作中的革命倾向逐渐引起了沙俄政府的关注。1891 年 11 月 26 日，《宣传者被捕》在庆祝列宾从事艺术活动 20 周年纪念会上第一次被展出。当时亚历山大三世也参加了画展，甚至还夸赞了画家精湛的绘画技法。但第二天，这幅画就在画展上消失了。

列宾以革命者的斗争生活为主题创作了很多优秀作品，《意外归来》就是其中一幅家喻户晓的佳作。列宾身处革命激荡的岁月，无数革命者为了革命而奔走，而又有多少家人在翘首期盼着革命者的归来。列宾把这一切看在眼里，并用艺术的形式表现出来。在《意外归来》的画面当中，列宾捕捉到了饱经沧桑的革命者流放归来之时每个家庭成员的真实反应。或许知道革命者归来的希望微乎其微，家人已经在无尽的等待中逐渐放弃了内心的希望，而革命者的意外归来，让他们内心充满了难以言说的喜悦，而列宾把这份惊喜表现得淋漓尽致。起身后死死盯住革命者的老妇人，好像愣在了那里，她可能根本不敢想象此生还能再见到革命者。老妇人表现出来的更多的是诧异。坐在钢琴旁的妻子也是既惊又喜。孩童的反应往往比较简单，画中

《意外归来》

的小男孩张开了嘴，眼睛睁得很大，喜出望外。桌前的孩童，大概革命者离去时还尚未懂事，经过这次长久的别离，已经与革命者变得陌生了许多。而画作的主角，也就是归来的革命者，穿着还没来得及脱去的服刑时的囚衣，脚上是一双沾满泥巴的皮鞋。列宾抓住了革命者跨入家门的一瞬间，通过对每个成员心理的细致刻画，突出了主人公的形象，并烘托出富有戏剧性的场景。这幅画一经展出便受到了当时进步阶层的推崇，艺术评论家斯塔索夫对其评价甚高，认为这是真正的当代艺术。

老师克拉姆斯柯依曾这样劝告列宾："一个脉管里奔流着乌克兰血液的人最擅长于（因为这无须费力就能理解）描绘沉重的、坚强的、几乎是粗野的身体，而决不是娼妇。"[①] 在日后的创作中，列宾体现出与老师一脉相承的艺术家的责任感。他还清楚地认识到民族性是俄国艺术作品的生命力所在，因此在他的创作中始终饱含着浓浓的时代感和俄国风情。1893 年，列宾在与友人的通信中这样说："每个民族的艺术，不可避免地要经历自己发展中所有阶段，任何措施都不能帮助它超越自己的古代阶段。因受较文明国家的影响而抢先跨到前面，脱离本民族艺术发展的东西，总和自己民族格格不入，虽然在专家们当中也曾名噪一时，但归根结底是要被忘记的，对流派的整个发展不会起什么作用。一切外来的奖励设施，一切理论，一切富丽堂皇的建筑，一到民族开始自己的艺术生活时，便都悬空起来，无能为力了。"[②] 列宾用丰富的色彩与繁复的线条记录俄国的点滴，描绘出一幅波澜壮阔的俄国社会生活画卷。

---

① 普罗罗河娃. 列宾传[M]. 孙越生，译. 西安：陕西人民美术出版社，1987：111.
② 楚科夫斯基. 列宾回忆录：下册[M]. 殷涵，田彬，译. 北京：人民美术出版社，1984：668.

归于平淡

别纳特庄园里，一栋木质结构的三层小楼坐落在树丛当中，周围是一片碧绿清澈的湖泊。庄园里种满了在风中沙沙作响的桦树，还有绿中透蓝的云杉。阳光透过细细密密的树叶，在地上留下一片斑驳的光影。海风徐徐吹来，夹杂着浓郁的松香和岸边贝壳的味道。日升日落，春去秋来，列宾在别纳特庄园一住就是 30 多年。

列宾搬入别纳特之时，已经与结发妻子薇拉分居 10 年有余。薇拉同列宾育有三女一子，在与列宾共同生活的 15 年里，给列宾留下了数不尽的痛苦与欢乐。1887 年，列宾与薇拉正式离婚。此后，列宾有过数次感情经历，但无一例外均以失败告终。1898 年，列宾与女作家诺尔德曼走到了一起。因列宾离异过无法在教堂举行婚礼，而诺尔德曼告诉列宾，只要能一起生活就好，不必非要正式登记结婚。然而，在二人同居的日子里，矛盾渐渐多了起来，诺尔德曼厌倦了列宾招待客人时的激情和嗜酒如命，列宾则认为诺尔德曼干扰了他的创作和艺术活动。终于在 1913 年，诺尔德曼忍无可忍不辞而别，直至次年 6 月她不幸病逝，列宾也未曾探望过她。

自从年过半百的列宾偕家人搬进了别纳特庄园，他的贵族生活便由此开始，与此同时，他的艺术生涯开始走向衰落。就在几年前，列宾还在对克拉姆斯柯依的转变唏嘘不已，而后来，列宾几乎是亦步亦趋地重蹈了老师的覆辙。克拉姆斯柯依在生命的最后阶段成了富翁，有了豪华别墅。列宾曾探讨过老师成为富人后创作发生转变的问题："莫非变成富翁和财主以后，他便不能怀着先前那样的真诚，献身给灵感洋溢的艺术家的勇猛激情吗？莫非紧接着财产状况的变化，思想也发生变化了吗？……由于经常出入达官贵人的圈子——为他们画肖像，克拉姆斯科依除了举止谈吐以外，还一步一步地吸收了他们的观点。他早已对自己青年时期的冲动、自由主义的热情感到惭愧，越来越倾向保守主义。”① 搬入别纳特庄园的列宾，似乎与他的老师克拉姆斯柯依有相同的归宿。

细雨飘落在旖旎而静谧的庄园里，老人在绿窗白顶的木屋里发呆，依旧睿智的眼睛里再也没有了当年的犀利与英气，取而代之的是些许慈祥与淡然。晚年的列宾对政治以及社会问题感到迷茫与厌倦，他开始听从托尔斯泰的教导，抛弃了原先关注社会问题的批判现实主义，开始倾向于脱离现实的纯艺术，因此在列宾晚年的作品中，很难看到他年轻时的战斗者姿态。

列宾曾对来访的高尔基说,他在别纳特度过了一生中最美好的时光。好客的列宾没有给别纳特庄园安装威严富丽的大门，而只是用稀疏低矮的木栅栏围着，在中间的地方留出一个小门，热情地向朋友们敞开着。享有盛誉的列宾吸引了许多画家、作家、学者来到别纳特做客，从俄国作家高尔基、布宁、库普林，到生物学家巴甫洛夫、别赫切列夫，从年轻的诗人叶赛宁、马雅可夫斯基，到著名的俄国演唱家夏里亚宾，都是

美丽的别纳特庄园

① 楚科夫斯基. 列宾回忆录：上册[M]. 殷涵，田彬，译. 北京：人民美术出版社，1984：273-274.

别纳特的座上宾。庄园里列宾的住宅是一座木砖混合式的尖塔建筑，其尖塔的部分是列宾的画室，全部由透明的玻璃砌成。玻璃窗外树木的绿是那么耀眼，清晨的薄雾、午后的艳阳、傍晚的落霞、夜晚的星空，从这个明亮通透的房间里望出去一览无余。

一个晴朗的日子，托尔斯泰像往常一样来到别纳特庄园拜访。交谈了一会儿后，列宾凝视着这位有着长长胡须的伟大作家、思想家、哲学家，然后把这位智者领到画室，取出画笔，准备为托尔斯泰画肖像。托尔斯泰则不疾不徐地在画室的沙发上坐下，讲他生活中的际遇，讲他所了解到的底层农奴的悲惨生活。拿着画笔的列宾站在画架旁，目不转睛地盯着托尔斯泰，生怕错过一个字。托尔斯泰讲到义愤填膺之处，列宾怒目圆睁；讲到凄苦悲凉之处，列宾满眼同情。听着听着，列宾就忘记了创作。让列宾画肖像的名人数不胜数，而托尔斯泰是唯一一个坐在沙发上先讲故事的人。这些故事有许多后来都被写进了托尔斯泰的小说中，被画进了列宾的油画里。谈及与托尔斯泰的交往，列宾认为：“他热情和过度激进的言论使我受到无限震动，过后我竟无法安眠，脑袋因他对生活中陈腐形式的无情批判而发昏。”① 俄国大地上的这两位天才，凭借着对现实世界的高度敏感，在一次次的深度交谈中碰撞出灵感的火花。

休息之时，列宾会静静地望着湖边的弯曲小路，他的目光穿越日出日落，穿越狂风暴雨，直至天堂。1930 年 9 月 29 日，这位俄国绘画史上最负盛名的画家，以 86 岁的高龄逝世于自己家中。世界画坛巨匠最后长眠于自家庄园里，孤零零的墓地之上只有东正教的十字架，没有墓碑也没有墓志铭。在鸟儿的歌声当中，画家与碧水青山为伴，平静而安然。

列宾一生创作了几千幅作品，其中有数百幅肖像画、上千幅素描画。列宾用手中的画笔，不断地为具有批判现实主义和民族特点的艺术而奋斗，塑造了诸多像纤夫、伊凡雷帝等深入人心的人物形象。遗憾的是，

① 楚科夫斯基. 列宾回忆录：下册[M]. 殷涵，田彬，译. 北京：人民美术出版社，1984：614.

晚年的列宾并未承继年轻时的艺术激情，佳作寥寥无几。尽管如此，列宾依旧是19世纪俄国伟大的批判现实主义画家。

列宾墓地

（撰稿：丁娜）

参考文献

车尔尼雪夫斯基．车尔尼雪夫斯基论文学：中卷 [M]．辛未艾，译．上海：上海译文出版社，1979.

楚科夫斯基．列宾回忆录：上册 [M]．殷涵，田彬，译．北京：人民美术出版社，1984.

楚科夫斯基．列宾回忆录：下册 [M]．殷涵，田彬，译．北京：人民美术出版社，1984.

梁斯柯芙丝卡娅．列宾评传 [M]．严摩罕，译．北京：朝花美术出版社，1958.

李明滨．列宾与拜纳忒庄园 [M]．济南：山东友谊出版社，2007.

普罗罗诃娃．列宾传 [M]．孙越生，译．西安：陕西人民美术出版社，1987.

普罗罗科娃．列宾传 [M]．焦广田，译．郑州：海燕出版社，2005.

周扬．周扬文集：第 1 卷 [M]．北京：人民文学出版社，1984.

高　迪

巴塞罗那是西班牙最负盛名的城市之一，这座位于地中海西岸伊比利亚半岛的古老城市，被誉为“伊比利亚半岛明珠”，它因为一位天才建筑师而名扬海内外。这位建筑师就是世界最著名的现代主义塑性建筑流派代表人物安东尼奥·高迪。

除了悠久的历史文化和浪漫的海洋风光，巴塞罗那最引人注目的就是各式各样的建筑物了。这座城市大量形态独一无二的建筑物，吸引着世界各地慕名而来的游客，而这些建筑物大都出自安东尼奥·高迪之手，因此称巴塞罗那为“高迪之城”一点也不为过。在高迪设计的这些作品中，有 7 处被联合国教科文组织列入了世界文化遗产；有 17 处被西班牙列为国家级文物，如大名鼎鼎的文森之家、古埃尔公园、圣家族大教堂、米拉公寓、巴特罗公寓等。

一定会有人好奇，建筑师自己居住的房子会是什么样子。高迪从小到大更换过多处住所，甚至还住过施工工地，但有一处住所，是高迪自己为自己设计的，他在这里居住了 20 年。直到后来修建圣家族教堂时，高迪才从这所房子搬了出去，住到了圣家族教堂的工地上。从建筑师为自己建设的房子入手，也许可以更直观地了解这位建筑师。

这栋房子修建在巴塞罗那著名的古埃尔公园里。古埃尔公园的整体设计都出自高迪之手，是高迪的代表作之一。与繁忙喧嚣的巴塞罗那市区相比，这座公园可谓是世外桃源。古埃尔公园位于巴塞罗那郊区的佩拉达山上，濒临地中海，远离市区。游客必须迎着扑面而来的海风，爬一段崎岖的山路，才能到达山上的古埃尔公园。一进公园，人们便会被各式各样的建筑和形态各异的雕塑所吸引。绕过一片色彩缤纷的雕塑，一栋粉色的小楼映入眼帘，这就是高迪自己的房子。

从这栋粉色的小楼可以感受到整个古埃尔公园梦幻而又浪漫的格调,也可以感受到高迪建筑的独特性。这栋小楼不是四平八稳的长方体，而是由多个大小不一的立面组成的不规则多面体。除了标新立异的外形，这栋房子还使用了活泼轻快的色调，正好与古埃尔公园丰富的色彩相呼应。整个古埃尔公园都运用了大量富有童真趣味的元素，这栋房子也不例外，最典型的就是这栋房子的窗户和阳台。窗户形态各异，有长方形的，也有拱形的。有的窗户上方画了两只蜗牛的触角，有的窗户两边画了线圈，远远看去，整个窗户活像一本线圈笔记本。乳白色的窗沿和嫩绿的窗户让粉色的墙面更加活泼。这栋房子的阳台也十分引人注目：圆圆的阳台镶嵌在方方正正的墙面上，整个阳台由弯弯曲曲的铜条连接而成，形状似一个南瓜。很难想象，这样一座充满童话色彩的房屋是一位沉默寡言的男建筑师为自己设计的家。从丰富的色彩和可爱的装饰中，我们看到了高迪冷峻外表下藏着的一颗童心。

高迪在这座小楼上运用了大量直线，这与高迪的其他作品有着明显区别。高迪的作品一向以曲线为主，因此他会想办法用曲线取代所有直线。古埃尔公园的其他建筑就是很好的例子。他曾说过："直线属于人类，而曲线归于上帝。"同时,高迪的建筑一向也以精细繁复的细节雕刻著称，例如圣家族教堂墙壁上细致入微而又壮阔宏伟的雕塑。然而这座粉色的小楼设计得十分简洁，包括房子内部的装饰，也是简约而又实用的。这栋房子是高迪所有建筑中最简单的，也是最可爱的。

那么，高迪到底是怎样一位建筑师?

鬼才建筑师

1852年6月25日，高迪出生于西班牙加泰罗尼亚一座静谧的小城雷乌斯。高迪的父亲是一名铜匠，母亲在家操持家务。高迪是家里的第五个孩子，也是最小的一个。

高迪出生在西班牙建筑行业发展的黄金时期。19世纪下半叶，西班牙国王改建巴塞罗那城的诏令一下，商业富豪们便纷纷出资，邀请建筑师建造各种各样的新式房屋。建筑师成了当时最热门的职业，每个男孩都梦想成为一名建筑师。

跟其他男孩一样，小高迪也很想成为一名建筑师。高迪的父母也将希望寄托在这个最小的孩子身上，希望他能成为一名建筑师，以便将来养活家人。然而，不幸的是，这个孩子在5岁时就患上了风湿病，腿脚行动不便。当别的小朋友到处奔跑玩耍时，高迪只能一个人静静地坐在椅子上，羡慕地看着小朋友们的身影。高迪本来就内向敏感，患上风湿病后就更

高迪故居（西班牙巴塞罗那）

加沉默寡言了。没有朋友的高迪每天最大的乐趣就是观察自然，一朵孤独的小花、一只懒洋洋的蜗牛都可以让高迪着迷。在这个过程中，高迪与大自然建立了亲密的关系，他发现大自然是世界上最完美的艺术品，大自然有着最丰富的色彩和最完美的线条。在这之后，高迪总是能用画笔将大自然的色彩和线条精准地记录下来，小小年纪的他便展现出了较高的艺术天赋。

到了青年时期，高迪依然是内向孤独的。他在学校的学习成绩十分普通，但他却凭着高超的绘画水平，在学校里小有名气。不久，他接到了人生的第一份邀请——为学校中学生自办的手抄杂志《滑稽周刊》绘制插图。这份杂志虽然每期只出 12 份，但在学校里十分受欢迎。高迪开启了他艺术人生的第一站。

中学毕业后，高迪凭借深厚的美术功底，进入了巴塞罗那建筑学校学习，正式步入了建筑行业的大门。在学校的这几年，高迪迅速成长起来。他游遍了巴塞罗那的每一个角落，参观了大大小小的建筑物，一个个大胆新奇的建筑思路在他脑海中慢慢清晰起来。除了课堂学习，他还多次给已经成名的建筑大师当助手,并在这个过程中积累了丰富的经验。在这期间，虽然高迪只是一位助手，但大师交给他的任务都是他自己独立设计完成的。

然而，高迪入读建筑学校后，命运又跟他开了个玩笑。两年之内，先是高迪刚从医学院毕业的大哥意外去世，接着悲伤过度的母亲也离世了。雪上加霜的是，他的姐姐不久也突然撒手人寰，只留下了一个年幼的女儿。短时间内，亲人接二连三地去世，使这个本就贫寒的家庭陷入了风雨飘零的境地。为了生存，年迈的老父亲只好带上外孙女，搬到巴塞罗那投奔自己的小儿子高迪。家庭的重担突然压到了高迪的肩头，他的生活变得更加艰难。高迪只能一面坚持学业,一面辛勤工作赚钱养家。

1877 年，高迪即将从建筑学校毕业，他的毕业设计项目是为一所大学修建一座礼堂。高迪的设计方案一经发表便引发巨大争议。很多人表示从没见过这样离谱的建筑方案；然而，也有很多人表示愿意相信这位年轻的建筑师，愿意给他一次尝试的机会。尽管争议很大，这个方案最终获得了通过。高迪毕业时，建筑学校的校长心情十分矛盾，他难以判断眼前这位年轻人到底是在创造一个时代，还是在毁灭他自己的建筑之路。颁发毕业证书时，校长感慨道："真不知道我把毕业证书发给了一位天才还是一个疯子！"[①]

很显然，高迪是独一无二的建筑天才。

知音古埃尔

高迪虽有着很高的艺术天分，却不善于处理情感问题。从小时候开始，高迪就很少交朋友。青年时期的高迪更加孤僻，几乎把自己封闭在了艺术的世界里。维系友情对于高迪来说是一件难事，面对爱情，高迪更加手足无措。据考证，高迪终生未婚，他一生中只有过一次短暂的恋情。高迪年轻时喜欢过一位姑娘，但害羞的高迪并不敢过多地与姑娘交往。等他鼓起勇气向姑娘求婚时，发现姑娘手指上已经戴上了别人的婚戒。对于内向的高迪而言，这次求婚可能是他下过的最大的决心，难以想象这样的结局对敏感的高迪会是怎样的打击。从那以后，高迪再也没有与任何姑娘交往过，他的一生全部献给了建筑事业。关于爱情，高迪后来说过："为避免陷于失望，不应受幻觉的诱惑。"[②]

高迪的一生注定与爱情无缘。但上帝为高迪关上了一扇门，却也为他开启了一扇窗。

1878年，高迪离开巴塞罗那建筑学校，正式成为一名建筑师。对于高迪这样才华横溢的建筑师来说，他缺乏的不是创意，而是资金。只要有了资金支持，他就能施展才华。高迪终于得到了幸运女神的眷顾，

① 文月．设计大师：时尚的引领者[M]．北京：红旗出版社，2014：144．
② 杨建峰．全球最美的度假胜地[M]．汕头：汕头大学出版社，2014：133．

绿树环抱中一抹红

他在毕业后第一年便认识了一生中最重要的朋友欧塞维奥·古埃尔。古埃尔有两个显著的特点，一是富裕，二是惜才。

古埃尔是一位极富个性的商人，他一直坚信“正常人往往没有什么才气，而天才却常常像个疯子”①。他不介意高迪孤冷的性格，深信面前这位脾气古怪的建筑师是一位难得一遇的天才。高迪在建筑设计上经常会有一些奇思妙想，在外人看来，这些设计构想太疯狂了，但在古埃尔这里，他会因为高迪的奇妙想法而欣喜若狂，总是对高迪无条件地支持。古埃尔是最懂高迪的人，不管高迪脾气多么古怪，也不管高迪的想法有多么大胆，古埃尔总是能包容、理解高迪，并在经济上给予他无条件的支持。在古埃尔的支持下，高迪的疯狂想法一个个变为了现实。从那之后，几乎每一年，人们都可以看到高迪的作品在巴塞罗那街头面世。可以说，没有古埃尔，就没有今天的安东尼奥·高迪。

① 文月. 设计大师：时尚的引领者[M]. 北京：红旗出版社. 2014：144.

古埃尔不但自己出资支持高迪的建筑事业，还把高迪引入了当时的上流社会。在那里，高迪结识了大量富豪，获得了更加强大的经济支撑。这些富豪们都想拥有自己独一无二的住宅，想让自己的房子在巴塞罗那城里脱颖而出，他们纷纷出资邀请高迪为他们建造公园、公馆和别墅，著名的巴特罗公寓、贝列斯瓜德别墅就是这样建成的。在这个过程中，高迪积累了不少建筑资金，建筑水准日益提升，名气也越来越大。

古埃尔与高迪一样，有着丰富的想象力。1900 年，古埃尔突发奇想，想修建一座“花园式城市”，高迪满腔热情地加入了这个计划。计划一经敲定，两人便立刻付诸行动。他们在巴塞罗那郊区佩拉达山购买了一座山头，打算在这里建造一片专供西班牙上流社会的富人居住的区域——古埃尔公园，也叫奎尔公园。

这是一个工程量十分庞大的项目。高迪首先将这块辽阔的土地划分成十几块，给每一块土地安排了合适的用途，并用大圆石做了标记，然后再依次在这些土地上施工。在建设这座公园的过程中，高迪充分发挥了自己的想象力，将建筑与大自然完全融为一体。高迪曾经说过：“创作就是回归自然。”高迪将大自然当作最好的朋友，他认为一切艺术设计都可以向大自然学习，一切艺术也只有回归大自然才是最好的。高迪那些既前卫又夸张、大胆突破人们想象力的作品，全部来源于大自然赐予他的灵感。高迪曾经说过：“只有疯子才会试图去描绘世界上不存在的

为大家而来

东西。”同时，曲线依然是这座公园最主要的元素，鱼鳞式的外墙、波浪形的屋顶、螺旋状的柱子和曲折的小路，都完美运用了曲线。另外，古埃尔公园的色彩运用也是独一无二、个性十足的。除了五彩斑斓的房子，公园里到处可见彩色马赛克拼接而成的图案，还有各种鲜艳的雕塑，例如蓝白黄相间的巨兽喷泉。尽管这个公园建筑量十分庞大，但高迪没有忽视任何细节。

令人遗憾的是，这座公园最后只建好了两处住宅，一处是专为古埃尔家庭设计的，另一处则是那座被高迪自己买下并居住了20年的粉色小楼。原本在古埃尔的设想中，这片公园将会成为未来巴塞罗那市民游玩的好去处。然而，这片秀美的山地距离巴塞罗那市区实在太远了，就算到了这里，人们也得走很远的山路才能到达这个公园。因为偏远，这个公园建成后一直人烟稀少，园内规划好的16块住宅地，最终也只出售了一块。

经济价值不高，并不影响古埃尔公园的文化价值，这座公园最终被列入了世界文化遗产目录。如今，这座公园成了熙熙攘攘的旅游胜地。游客们并不介意这座公园修建在偏远陡峭的山头，因为在这里，游客们不但可以感受高迪建筑的魅力，还能从佩拉达山上俯瞰整个巴塞罗那，一览山海相依的秀丽景色，将地中海美景尽收眼底。

高迪在这一时期的建筑设计上已经表现出了强烈的个人风格，然而，在一些细节上，仍没有摆脱传统建筑的框架。真正意味着高迪彻底走出了传统建筑思维模式的建筑是米拉公寓。

米拉公寓

1906年，西班牙富豪佩雷·米拉夫妇在参观了经过高迪改造后的巴特罗公寓后，就被这座公寓的独特装修风格震撼了，他们决定建造一座比巴特罗公寓更加夺目的建筑。米拉家族在巴塞罗那市中心购买了一块地，就在距离圣家族教堂和巴特罗公寓不远处的那帕塞奥·德格拉西亚大街上。他们邀请了此时已声名显赫的高迪，表示愿意出重金，让高迪随意建造一座他理想中的屋子，并表明米拉家族不会对高迪的设计做任何干预。高迪不假思索地答应了这个令人愉快的请求。

施工轰轰烈烈地展开了，然而，不久米拉家族就对高迪表示了不满。因为面对如此巨大的一个工程，高迪既没有设计图纸，也没有做工程预算，只是在工地上想一步做一步。米拉夫妇对高迪的行为表示十分不理解，他们担心高迪不能建造出让自己满意的房子，更担心如此没有条理的修建会耗光他们的财产。高迪本来就性格孤僻，不善言谈，外加高迪只会讲家乡方言加泰罗尼亚语，不会讲西班牙语，他和米拉夫妇完全无法沟通，只能靠翻译进行简单对话。米拉夫妇对高迪的怀疑没有一天中断过。在米拉夫妇的不断追问下，高迪无奈地从衣服口袋里掏出一张皱巴巴的图纸，表示这就是这座房子的建筑图纸。米拉夫妇看后哭笑不得。高迪却满怀憧憬地表示这座建筑将会具有令人惊叹的奇特造型，并与巴塞罗那四周的群山相呼应。米拉夫妇虽然对高迪的做法存有疑虑，但施工都开始了，只能让高迪继续进行。其实，高迪一直都是不用设计图纸的，一切建筑图纸都画在他心里，他对自己的建筑作品有十足的把握。他曾说："我有感受事物和看到空间的本事，因为我是铜匠的儿子，他们是会把平面变成容积的人。"①

1912年，米拉公寓竣工了。这是一栋让高迪引以为傲的房子，这栋房子完全表达了高迪的艺术理想。但是，这座房子却不是米拉夫妇理想中的样子。在米拉夫妇的预想中，高迪应该为他们建造一座华丽又不失稳重的大房子，以显示米拉家族在西班牙的显赫地位，突出他们家族的荣耀。然而经过6年的修建，摆在米拉夫妇面前的，是一栋不规则的流线型建筑，荒诞怪异，毫无庄重感。不用说米拉夫妇了，就连前来围

① 谌凤莲. 跟建筑大师学室内设计：近现代建筑大师的室内空间设计思路解析[M]. 成都：西南交通大学出版社，2015：79.

故居的小阳台

观的巴塞罗那市民，都对这栋建筑表示不理解，纷纷议论和嘲笑。大家甚至给这栋房子取了一个土气的外号——采石场，因为这栋房子主要是由石料建筑而成，也刻意保留了石料粗糙的质感。按照高迪的设想，这栋房子的屋顶上本来还要再修建一尊圣母玛利亚的雕像，以表达自己对基督教的虔诚，然而这个计划遭到了米拉夫人的强烈反对。米拉夫人认为这栋建筑怪异的构造已经有失他们家族的颜面了，再加上一座基督教的雕像，就更加不伦不类了。高迪只好放弃了这个念头。

这栋房子最突出的元素依然是曲线。一眼看去，房子的外表象是波浪起伏的海面。它的屋顶高低错落，让人联想到了绵绵的雪山，整体看去又与洁白的贝壳有几分相像。房子的立面也不是规规矩矩的四边形，而是没有棱角的，流畅得像一条蜿蜒飘浮的绸带。这条绸带一展到底，上面镶嵌着宝石一样的窗户。从上往下看，整栋建筑是一个“甜甜圈”的形状，中间是巨大的天井，这样的设计保证了里面每一个房间的采光。远远望去，这栋乳白色的建筑在巴塞罗那街头独具一格，与周围其他四四方方的建筑形成强烈的对比，让人过目难忘。

此外，作为一名铜匠的儿子，高迪十分善于灵活运用铜铸装饰品，以使每一个细节得到最好的处理。大门、楼梯扶手、阳台围栏、家具、橱窗，都采用铜质材料制成。铜质材料的好处就是可以随意将曲线表达出来。最典型的就是这座公寓的铜质阳台围栏。整个围栏全部由铜制成，一缕缕铜条被随意弯曲，像水草那样自由舒展，又相互交缠在一起，生长在蜿蜒起伏的阳台上。大门也是由一缕缕铜条交织而成，但与传统大门不同的是，这座大门的花纹不是对称的。值得注意的还有门把手，两扇门的把手合起来就是一个精美的雕塑。

高迪一直是一位富有童心的建筑家，童心带给他无穷的想象力与创造力。米拉公寓有很多具有童话色彩的精美雕塑，最突出的便是屋顶的通风管道和烟囱。这些雕塑形态各异，有的像怪兽，有的像戴头盔的士兵，有的像教堂的大钟。这些美观又实用的雕塑不但让建筑看起来更加活泼，而且使居住的舒适度得到了大幅提升。在那个没有空调的年代，高迪设计的通风管道，使室内空气流动加快，屋内温度也得到有效调节，环保又实用。

高迪认为这是他建的最好的一座房子，是“用自然主义手法在建筑上体现浪漫主义和反传统精神最有说服力的作品”①。但米拉夫妇对此不

为艺术人生而歌

---

① 杨建峰. 全球最美的度假胜地[M]. 汕头：汕头大学出版社，2014：133.

敢苟同，甚至不愿意为这栋房子支付建设酬金。为此，高迪将米拉夫妇告上了法庭。结局自然是高迪获胜，他还赢得了一笔不菲的赔偿金。经过这次“自由发挥”的尝试，高迪完全进入了天马行空的创作阶段，思考了近30年的圣家族大教堂建设方案终于在他脑海中有了答案。

然而，这次不愉快的合作经历让高迪再也不愿意修建任何私人住宅。虽然这次高迪最终建出了让自己满意的作品，但与米拉夫妇的交往经历让他感觉十分疲惫。在接下来的时间里，他一心一意投入到了圣家族教堂的建设中。

米拉公寓的“命运”也是十分坎坷，最初虽然遭到房子主人的嫌弃，但它当时至少是西班牙工业大亨的私人住宅。随着时代的变迁，这座房子曾沦落为一家赌场，也曾成为补习教室，还一度成为一栋分租公寓。

然而，随着时间的流逝，高迪前卫的设计得到了越来越多的认可，这栋房子逐渐引起了建筑界的关注，全世界的游客纷纷前往巴塞罗那，期待一睹这栋房子的“真容”。人们对于这栋房子的评价逐渐从嘲讽变为了惊叹，这栋房子成了巴塞罗那街头最靓丽的风景之一，也成了建筑史上的传奇之作。米拉夫妇可能难以想象这栋“丑陋”的建筑会在将来的某一天大放异彩，成为无法复制的经典。现在的米拉公寓是享誉全球的世界文化遗产，每天有无数游客为之驻足，为之倾倒。

离开米拉公寓，高迪将接下来的人生，全部献给了圣家族教堂。

圣家族教堂

圣家族教堂，也叫圣家堂，是高迪一生中最重要的作品。这座罗马天主教大教堂位于巴塞罗那市市中心，在市区的任何方向，人们抬起头都能看见这座巨型教堂尖尖的塔楼。与众不同的是，这座教堂一改往常教堂惯用的建筑格局，采用了圆锥形塔楼、螺旋形柱子、拱形屋顶、双曲面侧墙，将所有直线换成了曲线。一座座塔楼直插云霄，整个塔身遍布百叶窗，看上去像一个个华丽的镂空大花瓶，给人以视觉上的强烈冲击。一反常规的奇特造型加上荒诞怪异的雕刻和装饰，使这座建筑成为全世界教堂中独一无二的存在，现已成为巴塞罗那市的标志。这座教堂收获的赞誉已经难以计数，但因为其庞大的体型和荒诞怪异的构造，也有人对这座建筑有不一样的评价，如英国作家乔治·奥威尔就称这座建筑是“世界上最狰狞的建筑之一”。

值得注意的是，这座教堂自 1882 年 3 月 29 日开始施工，历时 1 个多世纪，至今仍没有完工。现在去巴塞罗那，仍可以看到这座教堂高耸的房顶布满了脚手架，起重机在忙碌地工作。然而这丝毫没有阻止它吸引全世界的游客慕名而来，甚至在施工完成之前，这座教堂就已经被列入世界文化遗产名录。在高迪生前，这座教堂只完成了不到 1/4 的工程量，剩下的部分由后人根据高迪生前手稿、模型和对高迪艺术风格的理解，继续进行建设。高迪是圣家族教堂的第一代建筑师，现在这座教堂的建筑团队已经更新到了第八代。截至 2018 年，这座教堂还有 30% 的工程量等待完成。

1882 年开始筹备修建教堂事宜时，高迪并不是这座教堂的设计师。1872 年，从意大利旅行归来的西班牙书商乔瑟普·马力亚·伯卡贝亚，受意大利繁荣宗教文化的启发，也想在巴塞罗那建造一座独一无二的“赎罪堂”。1882 年，伯卡贝亚邀请了设计师维拉，开始了圣家族教堂的设计工作。1883 年，原设计师维拉与基金会在资金方面产生了意见分歧，这座教堂的设计大权就意外地转交到了 31 岁的高迪手中。负责主持该工程后，高迪将余生 43 年的心血全部供献给了这座教堂。他严格把控教堂建设的每一个细节，亲自上阵监督工人操作，甚至教堂很多部分都是由他亲手操刀完成的。在生命的最后 12 年里，高迪拒绝了其他一切建筑邀请，只致力于圣家族教堂的设计和建设工作，甚至在 1925 年干脆搬到了教堂工地上居住。

高迪对这座教堂设计方案的思考不是一蹴而就的。刚接手这项任务时，高迪对原设计不是很满意，但面对如此巨大的工程，高迪没敢做大的改动，只是在原有设计上小幅度地修修改改，但怎么改高迪都觉得不

故居一隅

够完美，所以新设计方案一直没能定下来。直到修建了米拉公寓后，高迪才迸发出了灵感，对原图纸进行了脱胎换骨的修改，最终确定了这座教堂的设计方案。新方案新奇、古怪、大胆，对以往教堂建筑惯例进行了大刀阔斧的改革。

作为一位虔诚的基督教徒，高迪在他的每一个作品中都十分注重对宗教元素的使用。对于作为天主教圣地的圣家族教堂，高迪更是注重每一个细节的宗教象征意义。教堂主体由 18 座高塔组成，每座塔楼寓意不同。其中最中央的一座塔楼高 170 多米，象征耶稣。中央塔楼周围环绕了 4 座高 130 多米的塔楼，象征的是“圣经四福音书”的四位作者，分别是《马太福音》作者马太、《马可福音》作者马可、《路加福音》作者路加和《约翰福音》作者约翰。北面的一座后塔高 140 多米，象征的是圣母玛利亚。其余 12 座塔楼则代表耶稣的 12 门徒。整个建筑分为东、西、南三个立面，分别是“诞生立面”“复活立面”“荣耀立面”，象征的是耶稣诞生、受难、升天三个阶段。这座教堂建设完成后，将成为欧洲最高的教堂。

高迪对待建筑的每一个细节都一丝不苟。整座建筑上布满了大大小小的雕塑，每一个雕塑都是由高迪精心挑选的，都出自《圣经》故事。除此之外，为了使雕塑达到最逼真的效果，高迪请了当时最优秀的雕塑家，又请了真人充当模特，才将一个个雕塑呈现出来。这些雕塑就像从石壁上自然生长出来一样，栩栩如生，惟妙惟肖。后续的建筑师们将高迪这一精神继承了下来，有条不紊地将每一个细节都坚持做到极致，并在多个细节处向高迪致敬，如“诞生立面”的第三个门廊，即献给圣约瑟的“希望门廊”，便是以高迪家乡蒙瑟拉特山为原型雕刻的。这个门廊上方的岩石下刻有一艘小船，划船人是圣约瑟。有意思的是，这个圣约瑟的雕塑跟高迪长得十分相像，据传这一细节是设计师为了纪念高迪而刻意设计的。

高迪接手这个项目时，工期已经开展了一年，工人们已经开始了地下墓室的修建。高迪改变了原有计划，将原本阴暗、封闭、潮湿的地下室改为通风顺畅、采光良好的新式地下室，甚至可以在里面做礼拜。这座耗费高迪半生心血的建筑，最终成为高迪的归宿——1926年高迪逝世后，他的遗体被埋葬在这座教堂的地下墓穴中，他将永远陪伴着这座教堂。这座埋葬着高迪遗体的教堂地下室，也被列入世界文化遗产目录。

西方很多大教堂都是花费了数百年的时间才修建完成的，如建造了600余年的德国科隆大教堂和建造了175年的佛罗伦萨圣母百花大教堂。在漫长的建设周期中，谁也不能保证建筑过程的一帆风顺，圣家族教堂也不例外。这座教堂在建设过程中，经历了民众抗议、政治阻挠、资金短缺、战乱骚扰等问题。从这一角度来说，高迪是一个幸运的人，他总是能在危机发生时获得转机。在一开始，原设计师维拉和基金会发生争执，是因为维拉想在修建地下室时采用价格高昂的石材，基金会担心预算不够，拒绝了这个要求并解雇了维拉。高迪上任时，本来也只能选用低价材料，但意外的是基金会突然收到一笔巨额资助，这个问题迎刃而解。同时，除了幸运以外，高迪也是一位聪明的建筑师。本来按照他的个性，三个立面中最先完成的应该是他最喜欢的“复活立面”，但显然“诞生立面”更为气派，于是高迪先修建了“诞生立面”，以此振奋人心，获得人们信赖，以便筹集建设资金。西班牙内战爆发时，圣家族教堂的建设受到了极大的影响。教堂附属学校被迫解散，高迪工作室被炸弹袭击，高迪生前做好的模型遭到严重损毁，歹徒甚至计划将已经建好的四座塔楼炸毁，但这个计划没有成功。万幸的是，基金会在内战爆发前便将一大笔建设资金存入了伦敦银行，于是内战结束后，这座教堂又得以继续修建。然而第二次世界大战爆发了，这座教堂的修建又往后推迟了18年，直到1954年才得以重新施工。

如今的圣家族教堂成了旅游胜地，大量的资金被投入其中，完全不必担心资金短缺的问题。然而圣家族教堂建设并非一直这么热火朝天，最凄惨的当数1985年前后。当时这座教堂只能靠贷款维持建设，整个现场只有7名建筑工人，包括1名工头、1名制图师、1位秘书、2名水泥匠和2名工人。后来高迪在建筑界重新获得认可，这座濒于烂尾的建筑又恢复了繁忙的修建。然而，关于这座教堂建设的争议从来没有停止过，很多人怀疑现在的建设思路是否贴近高迪本来的设想。很多人认为，后续的建筑师们能力水平完全不及高迪，审美爱好也与高迪截然不同，在图纸和模型损毁严重的条件下，他们更多地靠猜测继续这项工程，他们连高迪生前的水准都难以达到，更别说让教堂修建更上一层楼了，因此，他们不是在修建这座教堂，而是在破坏。这座教堂如今的风格更加偏向于明朗活泼，与传统哥特式教堂阴森的氛围截然不同，不知道这样的设计是否实现了高迪真正的建筑理想。

在充裕资金和现代技术的支持下，圣家族教堂的建设速度突飞猛进。以往的切割技术和运输技术都十分有限，将一块石头成功镶嵌在教堂上需要耗费无数人力物力，这些问题在今天都得到了解决。同时，以往的图纸测绘需要建筑师一笔一画、小心翼翼地绘制，建筑模型也需要建筑师一刀一刀有条不紊地刻制，而今天电脑制图和3D打印技术的出现让这一切变得简单。教堂每年收取的门票和赞助也足以负担这座建筑每年300万美元的建筑费用。其负责人表示，这座教堂有望在2026年，即高迪逝世100周年时竣工。

“乞丐”建筑师

1926 年 6 月 7 日，这是一个令人欢欣鼓舞的日子，在这一天巴塞罗那市开通了第一条电车路线。整个巴塞罗那万人空巷，市民都上街围观这辆装饰着鲜花和彩旗的新式交通工具。电车昂首挺胸地沿着街道向前行驶，路两边挤满了欢呼喝彩的人。不幸的是，这辆风光无限的电车一不小心将一位过路的老人撞倒了。在这样喜庆的时刻发生悲剧，人们颇感沮丧，围观一下就纷纷走开了。这个被撞倒的老人衣衫褴褛，蓬头垢面,像一个乞丐。有好心人将这个“乞丐”送到了当地的圣十字医院。这位被撞倒的老人正是高迪。

高迪将所有心思投入到建筑中，无暇顾及个人形象。他常年留着大胡子，三年五载只穿同一套衣服。他早在一年前就搬到了工地上居住，

故居外景

每天穿梭于繁忙的工地间，忙得灰头土脸。电车开动的那一天，高迪可能完全不知道这个消息，他像往常那样，完成了圣家族教堂工地上的工作，便前往市中心另一教堂做礼拜。刚走出教堂不远，他还未注意到行驶而来的电车，便在众人面前被这辆电车撞倒了。

圣十字医院是一所医疗条件极其有限的贫民医院，医院接收了受伤的高迪，却不能提供给他有效的治疗。于是，在这所医院耽误了 3 天的高迪，在 6 月 10 日孤独而又凄惨地去世了，终年 74 岁。直到高迪的遗体被送到公共墓地准备草草埋葬时，才有一位中年妇女瞪圆了双眼，发出了惊呼，认出了这位无名“乞丐”正是整个西班牙最令人尊敬的建筑师高迪，然而一切都来不及了。

高迪的生命已经无法挽回，巴塞罗那市民陷入了沉重的悲痛中。市民们自发为高迪举办了隆重的葬礼，送葬的队伍从圣十字医院一直延伸到圣家族教堂。市民们将这位伟大建筑师的遗体安葬在他自己亲手设计的圣家族教堂地下墓室中。这个地下室是高迪修建圣家族教堂时完成的第一部分，也巧合地成为高迪人生的最后一站。入葬圣家族教堂后，高迪与这座伟大的教堂永远相守在一起。

距离高迪去世已经近一个世纪，高迪建筑的风采依然不减当年，甚至越来越受到重视，成为西班牙的名片之一。高迪也成了具有世界影响力的著名建筑大师，他开创的塑性建筑成为建筑史上最负盛名的流派之一。尤其是尚未竣工的圣家族大教堂，吸引了世界各地建筑师的关注。

高迪的一生，是浓墨重彩与轻描淡写相交织的一生。高迪的成就举世闻名，无论他设计的哪一座建筑物，都堪称建筑界的传奇之作。但高迪的个人生活却是平淡无奇的，他几乎将自己的一切都奉献给了建筑，达到了忘我的境界。生活的简单让高迪将精力百分之百投入到了建筑中，同时，天马行空的创意和天真无邪的童心，让高迪大胆冲破了传统建筑的壁垒，勇敢地表达出了自己的艺术理念，开创了新的建筑风格。高迪的建筑之路不是一帆风顺的，身心的缺陷、家庭的变故、世人的嘲笑、资金的压力，都没有让高迪放弃自己的建筑理想，相反，为了建筑，高迪放弃了所有个人享受，甚至被误认为乞丐。天赋、专注与童心，成就了世界上最著名的鬼才建筑师——安东尼奥·高迪。

（撰稿：王志超）

参考文献

谌凤莲. 跟建筑大师学室内设计：近现代建筑大师的室内空间设计思路解析 [M]. 成都：西南交通大学出版社，2015.

王普辉. 60 位必知的世界建筑大师 [M]. 北京：北京工业大学出版社，2012.

王永鸿，周成华. 西方艺术千问 [M]. 西安：三秦出版社，2012.

文月. 设计大师：时尚的引领者 [M]. 北京：红旗出版社，2014.

杨建峰. 全球最美的度假胜地 [M]. 汕头：汕头大学出版社，2014.

张烨. 设计师与建筑的故事 [M]. 太原：希望出版社，2008.

凡·高

在法国巴黎北部约30公里的地方有一个叫奥维尔的小镇，这里环境幽静、风景秀丽。小镇虽然不大，却带有法国城市所特有的浪漫气息，不仅街道两旁种满了各式美丽的鲜花，屋舍的风格也极具中世纪时期的古典风情。这座小镇因后印象派画家凡·高在此度过了他生命中最后的几十天时光而广为人知。历经几百年岁月的洗礼，小镇还是完整地保留了昔日的模样："瓦兹河从奥维尔下方蜿蜒流过，碧色的河水带来两岸的青葱翠意，这是个如诗如画的花园小城……农舍旁开满清新淡雅的花草，搭配五月春日的和煦阳光与明朗蔚蓝的晴空。这一切使人心旷神怡、宁静舒畅，仿佛置身鸟语花香的梦境。"[①] 前来小镇参观游览的大都是艺术爱好者，其中一些人甚至不远千里到这里来追寻凡·高生命中最后的足迹，来瞻仰他最后的安息之所。

① 蔡秉叡. 直到我死去的那一天：梵高最后的亲笔信[M]. 北京：中国政法大学出版社，2016：245.

1890年5月20日，凡·高来到奥维尔小镇休养。他居住在一家名为拉雾的旅馆的顶层，房间十分狭小，屋里仅有一张单人床、一张桌子和一把椅子，除此之外再无其他物品。这个房间只有7平方米大小，墙壁上满是裂痕，逼仄狭小的空间里只有在阳光透过窄小的天窗斜斜地映照下来时，才能有些许生机。不过，当时正值春末夏初，天气清爽舒适，景色优美动人。在这里，有周围的宜人风景慰藉他的心灵，有美术家兼医生加歇医治他的身体、安抚他的情绪，还有曾经同住在巴黎的弟弟提奥的探视，因此他度过了一段人生中为数不多的轻松惬意时光。

透过凡·高房间的窗户，可以看见不远处的天主教堂的塔尖和一小段公墓的围墙，这位艺术巨匠当时通过这窗外的景象感悟出了什么，如今的我们只能猜测和想象了。如今奥维尔小镇的这家旅馆已经成为“凡·高之家”，楼下的餐厅还供应着据说是当年凡·高吃过的“凡·高餐”——“主菜是生鱼腌橄榄油加橄榄叶，配上黑面包、黑咖啡和苦艾酒，没有其他的附餐甜点”①。这简单的食物，或许能让前来拜访的游客感受到凡·高当年的穷困潦倒，并为此沉思。

凡·高在他生命最后的几十天里，仍然坚持创作并留下了许多作品，如《加歇医生的肖像》《盛开的杏花》《鸢尾花》《乌鸦群飞的麦田》和《杜比尼的花园》等。“这一时期凡·高的创作风格比较温雅，富有深厚的人生情味，从前的激昂感，到此一变为脉脉的哀愁，从心底的最深处发出。”②他的好友加歇医生始终坚信，凡·高的爱和他的才能，以及他所创造的伟大的美，永远存在并丰富着这个世界。

1890年7月29日，在奥维尔小镇居住了70天后，凡·高带着激情，带着不被一个时代认可的遗憾结束了自己的生命。或许只有当他闭上眼睛的那一瞬间，内心世界才重新归于平静。在凡·高离世几个月后，陪

---

① 蔡秉叡. 直到我死去的那一天：梵高最后的亲笔信[M]. 北京：中国政法大学出版社，2016：247.

② 丰子恺. 梵高生活[M]. 北京：新星出版社，2013：141.

伴了他一生的弟弟提奥，也追随他而去，兄弟二人都被安葬在奥维尔的公墓中，永远守护着那一片无边的金色麦田。凡·高生前的画作不被世人所认可，而在他离世许多年后，他的许多画作却拍出了千万美元的天价，如《加歇医生的肖像》《没胡须的自画像》《雏菊与罂粟花》《鸢尾花》及《向日葵》等，变成了轰动整个艺术世界的瑰宝。

在19世纪的后印象派画家里，凡·高可以说是一个另类。他的画仿佛是暴雨之前清新而凛冽的风，是灵魂无法突破的孤独。我国当代享誉世界的画家、美术教育家吴冠中先生曾这样点评凡·高："我从青少年学画时期起，一见凡·高的作品便倾心，此后一直热爱他。到今天，这种热爱感情无丝毫衰减……当我第一次见到他的向日葵时，我立即感觉到自己是多么渺小。"[①] 丰子恺认为，凡·高的作品，是其狂热的绘画

凡·高故居（法国巴黎奥维尔镇）

① 梵高艺术研究基金会. 尖叫的耳朵：梵高的艺术与生活[M]. 金娜，徐升霆，译. 北京：中国妇女出版社，2005：2.

生涯的苦恼、忧愁、愤激、欢喜的展现，是热血染成的人生记录。对凡·高来说，生活就是作品的说明文。

凡·高的一生，犹如一团炎炎的烈火，在世间燃烧了37年而熄灭。“遗留下来的，有连绵作出的许多绘画，犹如一卷活动影戏的底片，历历地记录着其热情的火焰的经过情形。医生和他的弟弟送了他的殡葬，拿向日葵种在他的坟前。这些花每年向着太阳怒放。见者皆低徊太息，凭吊这地下的太阳渴慕的画家。”①

特殊的男孩

文森特·凡·高于1853年3月30日诞生在荷兰的一个文艺世家。他的祖父是一名受人爱戴的牧师，他的父亲提奥多洛斯在通过神学院的考试和选拔后，也成为一名牧师，为人和蔼，心地善良。他的几个叔父，不仅十分热爱绘画，同时也经营绘画艺术品，在阿姆斯特丹、海牙、布鲁塞尔、巴黎、伦敦等地都有画廊。因而凡·高的家族不仅拥有良好的社会声誉，经济条件也十分优渥。为了将凡·高培养成为足够体面的中产阶级家庭的继承人，父亲在

故居大门

① 丰子恺. 梵高生活[M]. 北京：新星出版社，2013：18.

凡·高小时候就经常为他朗诵《圣经》的片段，还教他辨识油画色彩以及简单的图形构图，有空还会给他放一些古典乐曲，这些都为凡·高后来艺术气质的养成打下了基础。

幼年时期的凡·高就展现出了对大自然的好奇和亲近。在他还蹒跚学步时，就丝毫不害怕下雨时的电闪雷鸣。他对初升的朝阳、天空中飞翔的鸟雀和路边开放的花朵都表现出了极大的好奇，经常缠着父亲刨根问底。待他的弟弟提奥长大一点后，小哥俩更是经常在花园里捉蝴蝶、做植物标本，玩得不亦乐乎。他们的母亲安娜利用花园中的植物向孩子们展示生命的轮回和四季的变迁，花开花落间，大自然成了孩子们最好的老师。

母亲安娜希望孩子们能够拥有良好的教养，她认为艺术的熏陶是必不可少的，于是开始让孩子们接触绘画。安娜不仅拿出自己的业余画作来指导和鼓励孩子们，有时还会和朋友带着孩子们一同外出写生。安娜也会让凡·高在她的一些作品上描线、上色，而这些作品大多是一些她喜欢的花饰图案。幼小的凡·高已开始尝试把大自然和他所感受到的社会联系在一起。对大自然的热爱不仅影响了凡·高的审美取向，而且使他原本孤僻的性格在潜移默化中渐渐改变。在他日后给提奥的信件中，凡·高曾这样写道：“只有坚持不懈地从自然中汲取灵感、潜心创作，才是正道，才不会竹篮打水一场空。对自然的感受和热爱，迟早会在爱好艺术的人的心里产生共鸣。画家的职责是全身心地投入自然，激发他所有的智慧，将他对自然的热爱表现在作品中，以便让人理解。”①

与此同时，凡·高家的孩子们的世界中也充满了约束与规则。他们的母亲安娜性格忧郁而古板，渴望跻身上流社会，因此严格把握着所有家庭成员的阶级界限：家人的衣物都购于顶级商店；孩子们在公共场合要展示出自己的良好教养，从不显露出不合时宜的情绪，从不上街玩耍等。在母亲的约束下，他们只能待在家里或公园里，好像被隔绝在孤岛上一样。

---

① 苏．梵高手稿[M]．57°N 艺术小组，译．北京：北京联合出版公司，2018：57-58．

母亲不断向孩子们灌输外面的世界很危险，只有家才是最终的港湾的家庭集权主义的思想。家庭在孩子们心中成了救命的那根稻草。父亲提奥多洛斯对孩子们的管教也非常严厉，甚至有些独裁。

凡·高自小性情孤僻，行为乖戾，也不善交际，整日沉溺在自己的世界里。他看不惯道貌岸然、衣冠楚楚的城市中产阶级，反抗母亲让他学习的上层人的习俗礼节，不断挑战着母亲世俗且根深蒂固的世界观。渐渐地，母亲与儿子的关系越来越紧张，从一开始对儿子行为的不理解，到后来的不耐烦，甚至愤怒。凡·高一生与母亲的关系都非常紧张，即使在凡·高生命后期入院治疗后，母亲也没有前去探望。

凡·高虽然对家庭仍然怀有热情，但想要逃离的念头却日渐强烈。他经常独自四处游荡，与玩伴的嬉闹越来越少，只有与弟弟提奥一直保持着较为亲密的关系。凡·高7岁时，曾进入一所公立学校学习，但仅仅2年4个月后就因为顽劣而被勒令退学。接下来的几年里，父母试图对他进行家庭教育，但即使很有耐心的父亲也管教不了这个儿子。1864年10月的一个雨天，父母终于忍无可忍了，把11岁的凡·高送往十几英里外的一所寄宿学校。在辗转了好几所寄宿学校和公立学校之后，凡·高既不喜欢学校开设的课程，也交不到朋友，始终无法融入任何一所学校的环境。他陷入深深的乡愁之中，又得不到亲人的关怀，最终只能固执地选择了逃走。1868年，在学期结束前的2个月，15岁的凡·高逃出了被他认为是“牢笼”的学校，回到了家里，结束了他的求学生涯。

由于家庭环境的影响，凡·高家的孩子们，在离开从小生长的家庭后，谁都没能摆脱极端情绪的纠缠。“他们麻木迟钝，毫无经验，只能手足无措，自怨自艾，眼睁睁地看着失控的情绪毁掉他们的生活。”[①] 凡·高一生的悲剧，不能不说是家庭影响的结果。

---

① 奈菲，史密斯. 梵高传[M]. 沈语冰，译. 南京：译林出版社，2015：31.

痛苦的岁月

1869年，刚刚16岁的凡·高，在叔父森特苦口婆心的劝说下，成了古庇尔画廊的一名职员。沉浸在对新工作的热情中，浸润在油画作品所独有的气息里，凡·高内心深处对绘画的渴望开始萌发，并逐渐对这个全新的领域产生了狂热的兴趣。利用在画廊工作的机会，凡·高不仅阅读了大量艺术书籍，还经常去美术馆参观学习。作为一名学徒，凡·高对画廊中流经案头的作品始终保持着一份包容开放的态度，他从未批判过任何一幅作品或是一位画家。凡·高平日里积累的学识、对工作的热情以及对艺术与生俱来的悟性，再加上叔父的关照，使他很快就能独自打理一些重要的客户了。但是好景不长，叔父病重，画廊由精明的泰斯提格接手管理。他对凡·高平日里稍显怪异的性格、举止和拖泥带水的工作方式早就不满，因此经常对凡·高大加指责，而凡·高只能默默而痛苦地用之前对待双亲的矛盾心态来应对新老板的批评。

一颗敏感的心和无人做伴的孤独叠加在一起，往往会让事情变得更糟糕。虽然凡·高沉默寡言、不善交际，但是他的内心却始终渴望着与人接触。在海牙的画廊总部工作了不长时间后，凡·高就被新老板找了个借口调往古庇尔画廊伦敦分行。在那样一个以售卖为主，以业绩来定义成功与否的行业里，远调实际上是一种流放。与明亮整洁的海牙相比，环境脏乱的伦敦让凡·高的疏离感与日俱增，他又开始变得孤僻，因此不得不用工作筑起一道与外界隔绝的墙壁。不久后，凡·高又因为个人作风问题被调往巴黎分行，最终，凡·高在巴黎丢掉了这份在画廊的工作。

这些年在古庇尔画廊工作的不如人意、对家的苦恋以及对道德的追寻导致的诸多无处释放的纠缠情绪，激发了凡·高的无穷想象力。他开始拿起画笔，从铅笔、钢笔的素描开始，研究人体比例和透视法，并尝试用真人模特作画。凡·高每天都在积极地作画。他在给弟弟提奥的信中说道："我的志向无比明确，那就是全力以赴地画画。"[①] 在经过一年多的素描强化练习后，凡·高开始尝试接触油画和色彩，这对他来说是一个全新而又充满诱惑的世界。油画于凡·高而言，就像在世间混乱肮脏的角落里，发出的一道纯净无瑕的光芒，指引着他的灵魂朝着光明的那个方向飞去。凡·高终于找到了属于自己的世界，只有在拿起画笔的时候，他才感到幸福。

1885 年春天，凡·高完成了他的第一幅油画作品《吃土豆的人》。这幅作品可以说是凡·高几年废寝忘食的创作精神和自学的绘画技巧的最好展示。受荷兰现实主义画风的影响，这幅作品有着极为强烈的乡土气息。油画中，灯光昏黄，气氛压抑，房间拥挤破败，墙壁烟迹斑斑，吃食简单粗陋，晦暗的背景光反衬出无望而苦楚的农民一家：结束了一天的辛苦劳作，一家人脸上并没有劳动之后收获的喜悦，简陋的饭菜无法喂饱他们可怜的肉体，苦难的打击让他们的生活晦暗阴郁，看不到希望。

凡·高以厚重深刻的画法，展现出了在田间劳作的农民一家沉闷而艰辛的生活。这幅画既是凡·高对当时社会的批判，也是对刚刚去世的父亲的深切缅怀，好像有一种力量，在他画里，亦在他心中。凡·高以这种方式来向父亲表明，他实际上已经完全记住了苦难这堂课的教诲。"俗世的生活，不过是一条流淌着泪水的长谷，照不进阳光，除非自己创造光亮；也没有面包，除非依靠努力和流汗挣来面包。"[②] 在凡·高眼里，一个农村女孩远比一个淑女更加漂亮。"她那打着补丁的蓝色的脏外套和裙子，被阳光、风和天气赋予了最精美的阴影"[③]，这是多么迷人。凡·高深爱朴拙的农民在田间劳作的情景，他认为这些与文明、城市相比，更能够充分地显示出力量；他渴望能将这些传递给众人，唤醒他们的良知。弟弟提奥看到这幅画后非常欣喜，在随后兄弟俩的通信中，他给凡·高寄

---

① 苏．梵高手稿 [M]．57°N 艺术小组，译．北京：北京联合出版公司，2018：79.
② 阿兹奥．梵高传 [M]．李玉民，译．北京：人民文学出版社，2011：123.
③ 苏．梵高手稿 [M]．57°N 艺术小组，译．北京：北京联合出版公司，2018：166.

来了50法郎，这极大地缓解了凡·高的窘迫处境。渐渐地，提奥的援助从因哥哥请求的迫不得已发展成为自愿定期的资助。提奥这样做，与其说是手足之情，倒不如说是家庭责任感使然，也只有这样的支持才能让凡·高继续去追求梦想。

尽管凡·高没有工作，但是提奥一直鼓励他作画，因为绘画成为凡·高与上流社会仅剩的联系纽带。在凡·高短暂而炽热的艺术生涯中，虽然他从未享受过成功的喜悦，但是提奥却一直在他身边给予他继续前行的力量。尽管岁月艰难，但是凡·高依然坚持着他所热爱、信仰和坚持的绘画事业，努力将这段难熬的流放岁月升华成那种追求本真的过程，升华成在他敬仰的所有艺术品中都能找到的“高尚、珍贵、带有色彩”的气息。就像他在给提奥的信中所说：“与其靠着我们模糊的想法和对幸福的渴望，去追求平静、健康的生活，难道遵循伟大的命运安排不是更好吗？”①

孤独的灵魂

故居庭院

为了缓和与家人的关系，凡·高曾经尝试成家立业，娶妻生子，这不仅可以满足父母的心愿，还可以缓解自己愈演愈烈的孤独。他疯狂地迷恋上了刚

① 苏. 梵高手稿[M]. 57°N艺术小组，译. 北京：北京联合出版公司，2018：334.

刚守寡的表姐凯·沃斯，将自己视为在爱情战场上奋勇斗争的一位勇士，发誓要“全身心地、彻底地和永远地”献身爱情。他声称在表姐之前，自己从来都没有真正地懂得什么是爱情，仅仅是幻想过陷入爱河。但是这并没有得到父母的支持。在凡·高的理想规划中，只要能和凯·沃斯结婚，过去的一切失败就能被掩盖，他刚起步的绘画事业也能有巨大的飞跃，从此他就可以过上舒适安逸的生活了。他以为这样就能远离那些让他备受打击的苦难，将他从中拯救出来——他已经忍耐了太久，漂泊了太久，不愿意再回到那个无底的深渊中去。

《花瓶里的十五朵向日葵》

但是这一次盲目而冲动的示爱行为，不仅没有得到家人的理解和祝福，还遭到表姐一家的强烈反对和谴责。在他一而再再而三地拜访凯·沃斯一家后，表姐不仅拒绝露面，还转告凡·高：那个人绝对不是你。最终，凡·高只能带着无法用语言表达的惆怅、空虚，以及内心无法说出的痛苦离开了，那幅想象中的和妻儿围坐在暖炉边的画面永远地消失了。凡·高再次落入极端的自我毁灭之中。他再也无法回家了，尽管之前也有过很多次尝试，但每次都是以同样的结局收场。这次遭到的拒绝是那么彻底和刻骨铭心，在凯·沃斯的“绝对不是你”以及她家人所说的“你的坚持让人恶心”的话中，凡·高似乎听到了整个家族批判的声音，也仿佛再次看到了自己全部的过去。他是彻底无法融入家人的生活了，这是多么令人压抑。

经历了一次次的挫折与打击后，凡·高的内心已经不再渴望任何家庭的温暖与爱情的甜蜜，他想在绘画中得到的，只不过是熬过一生的方式罢了。于是，凡·高选择了阿尔作为自我放逐之地。他在寒冷的冬天里长途跋涉，在没过靴子的雪地里艰难前行了十几天后，终于到达了阿尔这个可以暂时让他安身且能逃避现实的地方。他用所剩的为数不多的钱租下了西北方向的一幢破旧的黄色的两层楼房，这幢房子可以说是真正属于凡·高自己的家。他修整了室内的装饰，粉刷了房屋的外墙，期待可以开始一段全新的生活。尽管世事艰辛，但没有什么可以遮盖这座屋子的光芒。在拥有了自己独立的画室之后，凡·高内心深处对友情更加渴望，于是给高更发出了合作的邀请。

此时，凡·高的脑海里装满了乌托邦式的幻想，在满怀希望中等待高更的答复。这种期待极大地缓解了凡·高的孤独。“此地的排外倾向极为严重。”他写信给提奥说。他苦涩地抱怨自己“被当作一个疯子对待”，并且因为“没有一个人真心喜欢他”而面临“瘫痪”。[1] 凡·高曾无数次地设想过高更会分享他的孤独，并帮助他逆转局面：一帮地痞流氓在大街上嘲笑他，并在他试图作画时将颜料挤在路边。凡·高只把这些当作怪异的玩笑而一笑了之，始终坚信他与高更一定会在阿尔获得名声与成就。

凡·高在阿尔居住期间，疯狂地爱上了这里遍地生长的巨大的向日葵。为了欢迎友人高更的到来，凡·高夜以继日地画画，目的是装饰高更的起居室。为此，他创作出了一系列的向日葵作品，其中最为著名的就是那幅《花瓶里的十五朵向日葵》。在这幅作品中，凡·高以明黄和柠檬黄为主色调，描绘了插在花瓶中的十五朵圆盘般大小的向日葵。他用旋转的画笔，渲染了一株株奔放着原始冲动与激情的生命体，饱满而纯净的黄色调，不仅散发着秋天的成熟，而且更狂放地表现出画家对生活的热烈渴望与顽强追求。

---

① 奈菲，史密斯. 梵高传[M]. 沈语冰，译. 南京：译林出版社，2015：631.

在这里，凡·高将向日葵的绚丽与挣扎描绘得淋漓尽致，他开始大胆地用色彩表现自我，一改之前自画像里局促缥缈的笔法。凡·高画出了处于不同时期的向日葵：有的含苞待放，金黄色的花瓣正待展开；有的却凋谢枯萎，干枯的花瓣即将掉落，但是花心结满了果实。这样一幅花卉静物的油画，流露出凡·高对生命流逝与更替的思考与探索。虽然凡·高在有生之年没有卖出一幅向日葵系列的作品，但是在他离世后不久，他的画作很快就受到了关注。“这些花卉静物越来越被看做是其标志性的作品。不久，这些作品就被认为是后期印象派的巅峰之作，并激发了表现主义的创作灵感。”“在今天看来，向日葵系列无可辩驳地成为世界上最著名的艺术作品之一。”①

凡·高的灵魂里有一团炽热的火焰，却没有人去那里取暖，路过的人只看到了烟囱上的薄烟，然后继续赶路。但这盛开的向日葵花朵犹如跳动的火焰，凝聚燃烧了他无数的爱与激情，让人感受到生命跳动的力量和凡·高对生活的无比热爱。这些色彩和光，让他彻底地燃烧了自己，并最终迷失在光芒里。

然而高更的回应与热情期盼的凡·高相比，要冷淡得多。在提奥购买了一些高更的作品，提议在古庇尔画廊展出他的作品并支付了他前往阿尔的路费后，高更才勉为其难地动身去找凡·高。当高更敲开黄屋子的大门时，凡·高看到的是兄弟情义，是希望在燃起，而高更看到的则是对手之间的竞争。高更在古庇尔画廊成功举办的画展深深刺痛了凡·高敏感的神经。高更对凡·高绘画作品时而阿谀、时而嘲讽的态度，使得两人之间开始出现嫌隙。高更的言语和态度让凡·高措手不及。凡·高喜欢创作油画，而高更则更青睐素描。高更无法欣赏凡·高所钟情的中央高原，认为那是个“破落的小地方”。他看不到凡·高所看到的明亮的色调和左拉笔下的生活，只看到了“低俗的莺歌燕语”。他把

① 贝利. 我心如葵：梵·高的画语人生[M]. 韩子仲，译. 上海：上海人民美术出版社，2016：21.

阿尔称作“南部最肮脏的地方”，认为阿旺桥才是艺术家的圣地。

在黄屋子的日子，凡·高与高更几乎没有一天不在争吵。高更嘲笑凡·高的绘画创作模式，他从不在黄屋子附近的咖啡馆支起画架，在刺眼的光线下画画，也不愿忍受凡·高创作时面对的路人的狐疑猜测和不解凝视，也从未体验过在昏暗的红色灯光下那种无处安放的孤独。“高更我行我素，试图单凭臆想进入凡·高的世界，自认为如天使降临，却极其粗暴地构建了自己的观察视角。结果只能是，两人再次为真正的艺术该源于眼睛还是源于大脑而争吵不休。”① 最终，那种来自黑暗中的无形的阴影再一次紧紧缠绕住了凡·高，那种难以承受的幻觉又开始时隐时现。终于，在圣诞节的前夜，精神处于崩溃边缘的凡·高在咖啡馆喝到酩酊大醉后，回家用剃刀将自己的左耳割了下来。

安静的酒馆

高更吓坏了，决然地离开了这幢充满争吵的黄屋子和疯癫的凡·高。而这时的提奥，和前女友重归于好，沉浸在重组家庭的幸福之中，因而忽视了病中身心俱疲的哥哥。这接二连三的消息让凡·高原本就脆弱不堪的世界更加摇摇欲坠，正如凡·高给提奥所说：“我渴望的和所追求的虽难以企及，但并不是我好高骛远。……我所要表达的，并不是无病呻吟的忧郁，

① 奈菲，史密斯. 梵高传[M]. 沈语冰，译. 南京：译林出版社，2015：666.

而是发自内心的哀鸣。”[①] 但是这悲恸的哀鸣又有谁来倾听呢？在平安夜这样一个举国上下皆庆祝团圆的日子里，凡·高只能独自躺在医院的病床上，任冰冷孤单、寂寞无助如潮水一般将他淹没，任由他的灵魂彻底滑入黑暗无底的深渊。

在割耳事件过后，凡·高画了一幅名为《割掉耳朵后的自画像》。这是凡·高第一幅展现他在阿尔期间精神崩溃后的自画像。他借用了日本版画的绘画方式，同时融合了他自己独特的画法，从某种意义上来说实现了东西方绘画技法的融合。暖黄和浅蓝的背景色使得画面整体看似平静，但是画中人物瘦削凹陷的脸颊打满了绷带，突出的颧骨和高耸的鼻梁，仍然给人以强烈的视觉冲击。这幅《割掉耳朵后的自画像》成为凡·高对自己内心世界与精神状态的又一次探索，表现了他在疯癫状态的驱使下所具有的极大的情绪张力。凡·高对自己进行了旁观者式的无情的剖析，揭示出他最为疯狂又最为无助的一面，他的自我期许与寂寞孤独让他不断地逼近自己的承受极限。

挚爱与疯狂

“艺术是善妒的情人，需要我们投入所有的时间与精力。可一旦我们真的全身心投入了，她却转身而去，唯留追求者的苦涩，除此之外，我一无所获。好吧，我能做的，只有不断地尝试，战斗不息。”[②] 凡·高是如此钟爱绘画，无论世事给予他怎样的打击，他都没有放弃过。

值得注意的是，凡·高是西方美术史上自画像数量非常多的一位画家。他试图用画笔来展现真实的自我，以此来充实他那短暂而炽热的绘画人生。凡·高在他 10 余年的创作过程中，以每年 4 幅的频率，为自

① 苏. 梵高手稿 [M]. 57° N 艺术小组，译. 北京：北京联合出版公司，2018：49.
② 苏. 梵高手稿 [M]. 57° N 艺术小组，译. 北京：北京联合出版公司，2018：48.

已绘制了超过40幅的自画像作品。其中不仅包含了凡·高展现在其画作中的思想情感的变化，还体现出了他绘画技法的转型。在凡·高大多数的自画像中，他总是展现出一种随意而潦倒的形象：穿着质地粗劣的衣衫，大多数时候戴着草帽，偶尔也会戴毡帽。乍一看，还以为是在田野间劳作的农民或是干粗活的工匠。在这些自画像中，凡·高的视线焦点总是延伸至画面之外，由此看出凡·高对自然与田野之自在洒脱的向往之情。这是一种无关美丑的考量，只是一种试图剖析内心而展现出的自我反省。

凡·高也曾经以一副文人与绅士的面貌示人。一些带有上层贵族气息的自画像，表现出凡·高对名利、地位和上层社会的向往，表现了他渴望被认同的心情。深浅不一、层次鲜明的背景中夹杂着跳跃而颤动的线条，画面的中心牢牢锁定在人物头部，躯干看起来则稍显瘦弱。画中的人物有着棕红色的胡子、皱起的眉头、沟壑纵横的面庞以及忧郁而深邃的眼神。虽然穿的服饰风格不同，但人物的面部表情却依然坚定而有穿透力，不受着装的影响。也许凡·高是想借此来打破阶级之间的差距，毕竟他热爱农民与工人阶层的劳苦百姓们。其中所展现出的一切都说明凡·高其实已经充分领悟了肖像画的精髓与特点所在，这在他所处的那个时代的艺术家中是非常少见的。因为他对穷苦的黎民百姓充满了真挚的爱与激情，所以绘制肖像与自画像都成了他表现内心情感的一种方式。

割耳事件过后不久，凡·高来到圣雷米疗养院治疗，但他的精神状况时好时坏。病症发作时，他不但无法创作，而且连写信也做不到了。他还曾冲动地将绘画用的颜料或溶剂含在口中，幸好被别人及时发现并拦下，从而捡回了一条命。但是当他情绪稳定下来后，便又沉浸在他的绘画世界中不能自拔，一点儿也看不出是个生病的人。《乌鸦群飞的麦田》就作于此时，也是凡·高著名的代表性作品之一。作品描绘了暴风雨即将来临的天空下，漫无边际的金色麦田。这幅作品呈现出一种躁动不安的视觉效果：冲撞与躲闪，攻击与退却，狂放的笔法一次又一次地扫过画布，仿佛夏日里的暴风雨一般。在这里，凡·高的用色大胆而浓烈，带有一种躁动的亢奋：朱红、柠黄、群青、钴蓝、草绿。

对这个充满热情，既没有耐心也不小心的人来说，颜料与笔触有无数种排列组合的可能，色彩的激烈碰撞、厚涂的狂烈炙热、线条的行云流水、感情的肆意宣泄，似乎是在传达一种悲伤和刻骨铭心的孤独感，因为绘画可以将语言无法表述的感情传达出来。凡·高坚持认为“笔触能‘交织着情感’：从厚涂的‘痛’到点彩的‘狂喜’，从均匀的庄重到放射状笔法的崇高”[①]。简洁的三原色基调，粗犷狂放的刮刀上色，绘制出一片乌云翻滚的压抑的蓝墨色天空和在风中挣扎摇摆的麦田。三条绿色的红土路从近景开始绵延，却不延伸到任何地方。黑色的群鸦低低地掠过，似乎想要逃离这狂风骤起的天地。“浓黄色与深蓝色的搭配，制造出白天时分夜晚的景象。而另一种绿色与红色的搭配，象征着暴力与死亡。再加上乌鸦那吊丧般的黑色，极度孤独。”[②]他那狂热的画笔总是

故居一隅

① 奈菲，史密斯. 梵高传[M]. 沈语冰，译. 南京：译林出版社，2015：626.
② 阿兹奥. 梵高传[M]. 李玉民，译. 北京：人民文学出版社，2011：264.

不可避免地想要叛乱，以俯瞰的姿态来描绘万物苍生，所有的悲切、绝望，都似乎从地平线上飞掠过来。

尽管凡·高开始变得有些疯癫，但当他得知弟弟提奥的孩子诞生，并被取名为文森特·威廉·凡·高的时候，他还是兴高采烈地给孩子绘制了一幅《盛开的杏花》作为礼物，他的表述是“可以挂在婴儿的卧室里：大幅的白色杏花盛放在蓝天下”①。凡·高曾经渴望拥有一个家，但这个梦想被现实残酷地击碎了。因此，当他得知提奥有了孩子后，是多么喜悦。他看到了新生命，看到了充满希望的未来。这幅画一改凡·高之前创作《向日葵》和《星月夜》的激越和奔放，呈现出满满的挚爱与期待。虽然在作画时凡·高几度处在精神崩溃的边缘，但是他还是凭借毅力，坚持完成了这幅作品。他没有采用之前惯用的创作手法，舍弃了层层叠起的色块和厚重的堆叠涂抹，运用了一种类似日本版画的绘画技法，使得整幅作品看起来清新而淡雅。

这幅画描绘了一株开满洁白花朵的杏树，在温馨静谧的水蓝色背景下安静繁盛地绽放，每一片花瓣都栩栩如生，没有一丝呆滞。生命的清新和亲情的流转在画布上萦绕，扑面而来的是满目的温情。花朵淡淡的如梦似幻的粉白色，正是万物伊始的最初颜色。每一朵花的颜色也都不同，淡粉色、乳黄色、水青色交织在一起。更精妙的是，有几朵杏花的花蕾点上了非常纯正的红色，像一颗小小的心脏。这是对生命延续的美好祝福和殷切期盼。

凡·高的另一幅宁静之作是《暴风雨下的麦田》。创作这幅画时，他刚刚从上一次的精神病发作中解脱出来，准备以一种新的姿态来面对生活；又接到弟妹寄来的信件，字里行间描述了小侄子威廉在父母膝下玩闹的场景，这与他幼年时的美好记忆相呼应；再加上凡·高本人渴望拥抱大自然，所以麦田系列作品中完成度最高的画作诞生了。

---

① 苏. 梵高手稿[M]. 57°N 艺术小组，译. 北京：北京联合出版公司，2018：343.

凡·高曾经的居室

细细品味，画面中满是细腻精巧的蓝、白、黄、绿等颜色：深蓝的天空仿佛大海一样辽阔，一望无际的碧绿麦田仿佛缎带一般蜿蜒，原野上盛开着娇嫩温柔的粉白花朵。没有了凄厉扭曲的呐喊，这一切竟是如此明亮而恬静。飘过天空的云朵，被光线映照得是那么柔软，充满了愉悦的生机。大地也由翠绿和柠黄构成，看起来十分富饶，可以滋养万物和生命。这个为"爱"痛苦了一生、追逐了一生、倾尽了一生的艺术巨匠，他为数不多的几幅温馨作品都与"爱"密切相关。"爱"照亮了他短暂而黑暗的一生，成为他仅存的温暖回忆和痛苦时灵魂可以得到救赎的港湾。在那么多幅没有天空的作品之后，这幅画作中的天空展现出一种无边寂静的状态，仿佛狂风骤雨退去之后放晴的净空。

作完这幅田园风景画后，凡·高给母亲写了一封信，说："我现在全身心都沉浸在一种平静的心境中。"信的最后同往常一样写了"我还要出门去工作"。但是谁也没有想到，这却成了他与母亲的最后一次通信，而这幅《暴风雨下的麦田》，也成了他送给母亲的最后一份礼物。此后，凡·高再也没有回到母亲身边。

短暂，亦永恒

凡·高热烈地爱着夜晚的蓝色和星空，他认为"钴蓝是神圣的颜色。

没有什么比把事物周围环绕布置上碧蓝的天空更美好的事了”[①]。于是,《星月夜》诞生了。这是凡·高在圣雷米疗养院休养时所作，更是他灵魂深处的挣扎和对这世界的拷问。在现实生活中，凡·高的心灵和灵魂遭到了这个世界的无视与禁锢。他苦恼、烦闷,无从发泄。《星月夜》这幅作品，并不是凡·高直接观察星空所作，而是他凭借着自己脑海中的星空形象，虚构创作出的。

这幅画展现了一个充满震撼力的迷眩星空。闪烁于藏蓝色天幕中的群星，是那么耀眼夺目。那扭曲的星云汇聚成一个个漩涡，昏黄夸大的星光好像万花筒一样，那轮巨大的明月将云朵映照得光芒四射。这是凡·高脑海中充满熠熠星光和宇宙能量的焰火盛宴。那遥远的星球以及滚动翻转的宇宙能量，仿佛就是凡·高所期待的如群星一般无穷无尽的绘画人生。

暗绿色的柏树，扭曲挣扎着，犹如一股巨大的褐色火焰由大地的深处向天空中迸发，带着一种不安分的期待。为了使星空有视觉支点，凡·高在画的中景位置加入了一座沉睡的村庄，此时安静的村庄与翻滚的夜空呈现出强烈的静动对比。半山腰上的教堂，细长的塔尖不安地指向天空，似乎象征着凡·高那摇摇欲坠的精神信仰。一切景物都在盘旋、摇晃，在夜空中呈现出绮丽的奇幻景象。

凡·高将满腔的感情深深倾注于画作中。他不喜欢通常夜空绘画中渺小静态的星点和灰败暗淡的灯光，他已经在令人眩晕的意境中走得太远太远。他想要探求的，也是夜空中无限的可能性及永不熄灭的星光背后更真实的东西——终极的宁静。这是对孤独的困惑，对救赎的期望和对灵魂的苦苦追寻。凡·高孤独地活着，比死亡更痛苦。内心的孤独、生活的惨淡，使他更加愿意去把生命深处的色彩泼洒出来。他的作品展现出一种希望，仿佛他的生命在画作中得以保存。至极纯粹的代价，必

① 苏．梵高手稿[M]．57° N艺术小组，译．北京：北京联合出版公司，2018：191．

定是至极的苦难和孤独。情义唤起之处，生命得以重生。

那个孤独、落魄又始终怀着赤子之心的天才凡・高，为了绘画无怨无悔地奉献了他的一生。世人的冷漠、不被欣赏和认可，让他痛苦不堪。他纯粹、激情，但又孤独、疯狂，对这个世界爱得深沉悲壮，以自己的全部力量去拥抱生活。他想要表达人性、生命和强烈的情感。他把饱受折磨的人生痛苦转化成动人的美丽。他既不是疯子也不是怪物，只是一个比常人更加勤奋更加努力的人罢了。他热爱所有的生命，渴望展现它们的尊严和力量。离开超越现实世界的可能性，他无法生活——凡・高要借此摆脱“生活中无谓的愚蠢和空洞的折磨”①，为了获得第二次机会或是重新开始的希望。

因激情的无处释放使得一个男孩变得固执任性、伤痕累累。凡・高自懂事起就成了被家庭抛弃的流浪者、被世界拒之门外的陌生人和被自己束缚住的敌人。他的一生，都在抗争、战斗，不曾停歇。直到凡・高二十五六岁，他才找到了自己可以为之奋斗一生的使命——成为一名画家。凡・高总能在大自然的风景中寻求到灵魂的慰藉与创作的灵感，无论他身在海牙、伦敦、巴黎或是阿尔、奥维尔，他总是能以一种包容的心境和极大的善意来面对周围的环境与人们。在他的作品中，充满虔诚的精神信仰与田园牧歌般的情怀追求。即便在凡・高人生的最后时刻，他对自然的崇尚与热爱仍然丝毫没有衰减，就如同他说的“在人生的最后时刻，我希望在离开人世之际，以一种爱意和温柔的遗憾回顾过去”②。

凡・高的作品，用永恒来诠释一点也不为过。因为他对生活的渴望如太阳般炙热，如火焰般滚烫。那些充满生命力的肆意涂抹的线条，不仅有生命和灵魂，还有激情和真实。当《向日葵》《星月夜》《暴风雨下的麦田》等画作展现在世人面前时，没人知道他曾经承受了多少孤独和轻视。只有他的弟弟提奥支持他，定期给生活窘迫的凡・高提供经济援

---

①② 奈菲，史密斯. 梵高传[M]. 沈语冰，译. 南京：译林出版社，2015：845.

沐浴朝阳的古镇

助，让他能在温饱的前提下继续创作。凡·高则不断地写信给弟弟，告诉他自己的创作历程、对生活的信心和对绘画事业的坚持。凡·高生前只卖出一幅油画作品——《红色的葡萄园》，这是他一生唯一的安慰，让他在精神濒临崩溃时可以获得一点坚持的力量。

在凡·高人生旅途的尽头，他画了最后一幅自画像。凡·高本来是想将这幅画送给母亲作为生日礼物的，为此他还刮掉了胡子。尽管他已经很少与母亲联系，母子关系稍显冷淡，但是凡·高仍然想给母亲展示出他精神的一面。与他之前的大多数自画像相同，这幅自画像依然是用蓝色作为背景。但是一改之前调色的鲜明轻快，这次的蓝色背景模糊不清，还夹杂了晦暗的绿色、黄色以及灰色，显得非常混沌、沉重而压抑。画中人物刻画得十分厚重：已经变得斑驳的头发，红色中夹杂着灰色；额头中央的皱纹深深凹陷进去，眼神也没有了生机，只剩下木讷与死一般的绝望。这是怎样一幅令人压抑的作品啊。也许在创作这幅自画像的时候，凡·高已经预感到了自己命不久矣。这些年的失败贫穷、内疚孤独和最后的疯狂为凡·高展现了死亡不同的面目，父亲的死让他再也无法从宗教信仰中寻求到精神的慰藉。后来这幅《最后一幅自画像》在纽约拍卖出了7000多万美元的天价，成为绘画史上最贵的自画像之一。

“从托尔斯泰的虚无主义到伏尔泰对于神学世界观的批判，却发现这些都不合用。最后，只有艺术可以慰藉他。”[①] 鸢尾花、矢车菊、向日葵、

① 奈菲，史密斯. 梵高传[M]. 沈语冰，译. 南京：译林出版社，2015：845.

星空、麦田、咖啡店、农民和妇人等，这些画面中的每一个形象，都以独特的方式燃烧着自己的生命力。它们已经不仅仅是一些静物，而是凄艳的生命。绘画就是凡·高一生最好的诠释，不论是战栗、痛苦，还是宁静、喜悦，这些情绪都在他的艺术中得到完美的呈现，“以画写心伤，以画载我情。这是凡·高终其一生的追求与写照，倘若没有读过他的故事，也就无法读懂他的艺术”①。

凡·高的绘画生涯仅有短短 11 年，这其中还包括了他钻研与学习的时间。“在他五年伟大绘画的创作期间，他为野兽主义、表现主义和抽象主义开了先河，他率先解放了绘画的动作，改变了绘画本身的概念，按照凡·高的意思，他的作品几乎全是‘习作’，就是未完成品。”②在绘画动作中，没有哪位作家像他那样自由；在构图方式上，也没有哪位作家拥有如此自由观察的目光。凡·高的灵魂是孤寂的，总在不顾一切

因伟大而永恒

① 奈菲，史密斯．梵高传[M]．沈语冰，译．南京：译林出版社，2015：4.
② 阿兹奥．梵高传[M]．李玉民，译．北京：人民文学出版社，2011：276.

地自我放逐，也正是这样一颗狂放不羁的心才能创造出那些如此“痴迷疯癫”、震惊世界的艺术巨作。在短短 37 年的人生里，他用近乎疯狂的激情创作了近 1600 幅作品。这数字实在令人惊叹！

凡·高的一生，都在狂热地追求艺术。他不知疲倦地创作，炽热而浓烈地大胆调色，就连手指都被染得通红。凡·高喜欢在太阳下作画直到眩晕，这迸发的火热让他的头发都被烤得枯黄。凡·高曾说自己很富有，因为他的一生都与自己热爱的绘画为伴。凡·高的艺术之路虽然过于匆忙，但短暂亦是永恒。人生苦短，凡·高将他所有的激情都倾注到他的画作之中，所以这些艺术瑰宝至今仍然具有旺盛的生命力，能够照亮许多人的灵魂。时至今日，凡·高那疯狂而迷人的艺术魅力，那非同寻常的坎坷命运，那同生活勇猛抗争的顽强姿态，不仅在世界各地通过美术馆、画展等方式与民众见面分享，还通过文字、影视、音乐等多种媒介广泛传播，感动着一代又一代热爱绘画的人。凡·高穷尽一生对艺术的热爱与激情，非但没有消逝，反而在每个轮回的世间，进行着永不停息的重生。

（撰稿：白安迪）

参考文献

阿兹奥. 梵高传 [M]. 李玉民，译. 北京：人民文学出版社，2011.

贝利. 我心如葵：梵·高的画语人生 [M]. 韩子仲，译. 上海：上海人民美术出版社，2016.

蔡秉叡. 直到我死去的那一天：梵高最后的亲笔信 [M]. 北京：中国政法大学出版社，2016.

梵高艺术研究基金会. 尖叫的耳朵：梵高的艺术与生活 [M]. 金娜，

徐升霆，译. 北京：中国妇女出版社，2005.

丰子恺. 梵高生活 [M]. 北京：新星出版社，2013.

苗雨. 麦田怪圈：凡·高传奇 [M]. 吉林：吉林出版社，2013.

奈菲，史密斯. 梵高传 [M]. 沈语冰，译. 南京：译林出版社，2015.

苏. 梵高手稿 [M]. 57°N 艺术小组，译. 北京：北京联合出版公司，2018.

德彪西

圣日耳曼昂莱是一个抬眼就可以望见巴黎的城市，这座面积仅 48.27 平方千米的法国伊夫林省小城最引以为傲的就是它丰富的文化遗产和高品质的生活。小城最初仅仅是法国国王罗贝尔二世修建的一座修道院，在历代国王的不断建设过程中，才渐渐成为现在的样子。随着城市的发展和时代的进步，文学、绘画、音乐领域的大师、巨匠不断在这座小城中出现，为小城源源不断地增添着属于它自己的魅力。

小城风景优美，历史底蕴深厚，旅游资源丰富。小城的面包街 38 号有一栋建于 17 世纪的白色小楼，虽然外表并不起眼，但这里却是印象派音乐大师克劳德·德彪西的故居，也是第一个展出他生平资料的德彪西博物馆所在。德彪西 1862 年出生在这里，两年后因为父亲经营的小店破产倒闭，举家搬迁到巴黎。虽然他在这里生活的时间并不长，但是他已经成为当地的一个文化符号，深深地刻在了这座城市和它的人民心中。德彪西故居的正门很小，现在一楼是旅游服务中心，二楼是德彪西博物馆。整个二楼都是德彪西的作品，轻轻柔柔的乐曲回荡在小小的屋子里，也回荡在看不见的岁月里，像是主人并不曾离开。很难想象就是在这个不起眼的小楼里，诞生了一位让世界为之慨叹的印象派音乐大师。德彪西故居现在已经是当地非常重要的旅游景点。每年 9 月到次年 6 月，这里都会定期举办小型音乐会，让来自全世界的游客得以在这个步履匆忙的 21 世纪里，寻得一个穿梭回被音乐包裹的 19 世纪末的机会。

德彪西虽然并非音乐世家出身，儿时也没有良好的音乐环境熏陶，但他却自幼就十分热爱音乐，幼年时就显露出卓越的音乐才能，并最终创作出了《月光》《牧神的午后》《亚麻色头发的少女》等一系列旷世佳作。他用其特有的奇幻的想象、神秘的色彩和朦胧的感觉来取代古典主义的严谨逻辑和思想性以及浪漫主义丰富的情绪性，大量运用细腻繁复的和声，在独特的配乐里形成和谐的曲调。为了更好地表达转瞬即逝的感觉，在德彪西的音乐中，旋律和调式不再是主角，和声和层次则拥有了更重要的地位。各种配乐不是为了炫技，而是利用其音色的特点，达到独特的艺术效果。钢琴在他的指间散发着与众不同的魅力。德彪西将钢琴的音响色彩发挥到一个前所未有的高度：利用高音区的弱奏与低音区的色彩变化来表现情感的波动；创造性地使用和弦，除了用全音音阶构成和弦外，还利用不同结构的大小增减和弦、音域跨度极大的和弦等将乐曲层层铺开，利用音乐将情感的变化逐步表达出来，像是画家在白色画布上层层渲染叠加颜色一样。他把常人难以听到的泛音加入曲谱当中，形成了看似独特又怪异的音乐。他偏好使用全音音阶，用全音音阶构成的和弦与罕见且和谐的和声一起，逐步编织出属于德彪西的诡异又瑰丽的音乐世界。

德彪西一生的作品数量虽然不多，并且大多数代表作都是在其生命最后的十几年间集中创作的，但德彪西对音乐划时代的独特见解和其独特的印象主义风格对 20 世纪音乐影响颇大，故而常被看作是 20 世纪现代音乐的开创者。世界公认的现代音乐创始人之一的斯特拉文斯基曾表示："我们这一代音乐家，以及我本人在音乐上所取得的成就，很多都要归功于德彪西。"

德彪西故居（法国圣日耳曼昂莱）

生而不同

1862 年 8 月 22 日这一天，法国圣日耳曼昂莱小镇面包街 38 号瓷器店的打烊时间比寻常日子要早得多，因为阿希尔·德彪西和他的妻子维多琳在这一天迎来了他们的第一个孩子克劳德·德彪西。这对年轻的夫妻此时绝不会想到这个孩子将会在世界音乐史上留下属于他自己的印记。巨大的额头让这个刚出生的孩子显得有些愚钝，谁也没想到这个近乎双层的额头非但没有妨碍德彪西的健康，反而在后来的岁月里成了他独特的标志。

因为经营不善，在德彪西 2 岁的时候，瓷器店破产倒闭，一家人不得不迁往巴黎谋生。父母没有稳定的工作，德彪西下面还有一个妹妹和三个弟弟，其中一个弟弟尚在襁褓中时便死于脑膜炎。他和弟弟、妹妹终日在父母的叹息声中度日。幸运的是，德彪西 5 岁时，便被送给了富裕又有文化的姑姑抚养。这件事不仅改变了德彪西的命运，还将对世界音乐产生深远影响。

在姑姑这个经济富裕的家庭中，他遇见了许多具有独特音乐天赋和生活经历的人。正是在这些人的影响下，德彪西开始接触古典主义音乐，这为他日后印象主义音乐的创作奠定了基础。在6岁的时候，德彪西随姑姑克莱门汀去她情人位于法国南部戛纳附近的别墅区度假，从此开始了自己的艺术征程。在那里他见识到了之前从未见过的玫瑰花海，也见识到了音乐和绘画的感染力。德彪西姑姑的情人是一位既有钱又有修养的绅士，他的别墅里有许多绘画艺术藏品，巴比松画派和被后世称为"印象派"绘画的多位画家的作品都在他的藏品之列。这些富有艺术气息和朦胧色彩的作品对年幼的德彪西影响颇深，以至于他一度想成为一名画家。

幸而事情并没有按照小德彪西希望的那样发展下去。虽然老德彪西不太支持儿子走上艺术的道路，但他却无意间帮助德彪西走得更远。老德彪西因为没有固定的工作而经常在蒙马特尔区的一个叫作"黑猫"的咖啡馆消磨时间，在那里他认识了一位担任伴奏的作曲家夏尔·德·希弗里。正是这位作曲家把德彪西介绍给了他的母亲、肖邦的学生、钢琴家莫特·德·弗勒维尔女士，从而改变了德彪西的一生。莫特·德·弗勒维尔女士听了德彪西的演奏之后便宣布："无论如

故居别致的楼梯

何，他一定要成为音乐家！”[1] 自此，9 岁的德彪西开始跟随这位女士学习钢琴。1873 年，凭借自己的音乐天赋和这位女士的指导，年仅 10 岁的德彪西得以顺利地考入了巴黎音乐学院学习视谱演奏。

德彪西这一学就是 12 年，而且过程比较坎坷。他各门专业课的老师，几乎都是当时的知名音乐家。德彪西看谱就可以知音，钢琴弹奏得非常出色，甚至可以进行专业的演出。按理说这么有天赋的学生应该会得到老师们的喜爱，但是，他生性喜好自由，富有创新精神，对于课堂上教授的和声规则、作曲规则不屑一顾，这引起了老师们的不满。他不按常理出牌的弹奏、连串的平行五度以及不规则的和声，让他在钢琴比赛中屡屡受挫，于是他开始把重心转移到作曲上。在此期间，他认识了柴可夫斯基的资助人、富有的商人遗孀娜杰日达・冯・梅克。梅克夫人对德彪西的天赋极为看好，让他担任自己家的钢琴家庭教师，并让他一同游历欧洲。在随同梅克夫人一家游历欧洲期间，德彪西接触到了包括穆索尔斯基在内的多位异域音乐家的作品，在此启发下创作出的令人耳目一新的曲子为后来印象主义音乐的创立奠定了基础。他还首次接触了象征派诗人马拉美的诗作，对马拉美在诗作中融入音乐的理念极为感兴趣，他后来的代表作之一《牧神的午后》前奏曲的灵感便来源于马拉美的同名诗歌。

在结束家庭教师的工作以后，德彪西返回巴黎继续学业。在作曲家欧内斯特・吉罗的作曲班里，他不仅没有像往常一样被老师们训斥为异想天开，反而得到了老师的赞赏。在老师吉罗的引导下，德彪西终于发现了自己在作曲方面的天赋。1883 年，他用作品《格斗者》参加了罗马大奖赛，获得了二等奖。在这一次“失败”之后，他在老师吉罗的指导下加强了作曲技巧方面的训练，写出了更优秀的作品，最终在 1884

① 霍尔姆斯．伟大的西方音乐家传记丛书：德彪西[M]．杨敦惠，译．南京：江苏人民出版社，1999：7.

年凭借一首有着浓重马斯奈风格的康塔塔《浪子》赢得了罗马大奖，并获得一笔奖学金。这使得他有机会进入随冯·梅克夫人一家游历意大利罗马时就一心向往的罗马法兰西学院，进行为期四年的学习。

在罗马学习的机会是非常难得的，在此期间，德彪西又一次显示出了他的与众不同。他对于这座古老的城市并没有太多的好感，在与亲朋的通信中一次次表达对于这里的不满，最终在罗马待了两年后便离开了。

虽然这一段学习时间不长，但是却对德彪西以后的音乐创作之路产生了重要的影响。在罗马求学期间，他曾阅读了大量的文学作品，从莎士比亚到波德莱尔，从浪漫主义到前拉斐尔派的作品都有涉及；他拜访了意大利歌剧作曲家威尔第，并有幸在 1885 年于李斯特的学生斯甘巴蒂家中见到了钢琴大师李斯特，从前辈那里汲取了营养；他还经常光顾罗马的大小教堂、美术馆和博物馆，以期从那些地方获得启迪。

虽然罗马的众多人物和作品都为德彪西的创作提供了灵感，但是这座城市对他而言更多的是苦闷。他在这种忧愁的情绪下写出了《幸运的少女》以及第一部被评论为有“印象主义”风格的作品《春》。这里的老师们对于这两部作品的评价和巴黎音乐学院的一样消极，认为他的作品中对于色彩的感觉过于强烈，“他应该小心这种模糊的印象主义，因为这是艺术真理最危险的敌人之一”①。幸而这时的德彪西已经摆脱了老师的评价对自己的禁锢，在坚持自我风格一事上更为坚定。1887 年，在各方面因素的共同作用下，他离开了被宗教氛围包围着的罗马，回到了相对自由的巴黎。

① 霍尔姆斯．伟大的西方音乐家传记丛书：德彪西[M]．杨敦惠，译．南京：江苏人民出版社，1999：42．

崭露头角

19世纪末,欧洲音乐界都在崇拜艺术大师瓦格纳,德彪西也不例外,他早期的作品中或多或少都带有瓦格纳的色彩。回到巴黎之后的德彪西,开始积极寻求自己的创作之路，进入了创作发展的关键时期。

虽然德彪西的成就主要在音乐领域，但是文学和美术对这位大师的印象主义音乐的形成产生了至关重要的影响。19世纪末的巴黎有一个被称作“马拉美家的星期二”的文艺沙龙，地点就在象征主义诗人马拉美的公寓里。经常参与这个沙龙的都是当时各个领域内的杰出画家、作家和音乐家，他们每周二都在文艺领袖马拉美的家中畅所欲言。这种大范围的交流融合打破了音乐与绘画、文学之间的界限。马拉美认为艺术家应该像容器一样接纳来自外界的刺激与感受，使自己的心灵呈现出一种纯净空灵的状态。这个在文学领域里提出的艺术接纳性的概念对德彪西启发颇大，对其之后的创作产生了很大影响。德彪西在这个聚会里了解了各种新潮的理念，在工业时代到来的历史洪流中，在思想的交流碰撞中如饥似渴地吸收自己需要的“养分”。

这时的德彪西还经常出入巴黎蒙马特尔大道的另一处文艺界人士的聚会场所——黑猫咖啡馆。与马拉美家一样，这里对印象派的艺术作品非常宽容,咖啡馆的墙上甚至都挂满了印象派画家高更的作品。在这里,德彪西结识了一些包括《独立评论》发行总部独立艺术书店的所有者艾德蒙·拜伊在内的文艺爱好者。在和他们交往的过程中，德彪西意识到如果再在瓦格纳冗长的音乐剧的世界里沉沦下去，属于他自己的天才灵感将泯然于众，由此开始了自己对于音乐理论体系的初步探索。

1889年，德彪西参加了在巴黎举办的世界博览会，在这里接触了中国音乐、越南音乐以及印度尼西亚的爪哇音乐，并对这些东方音乐,尤其是爪哇音乐产生了浓厚的兴趣。他对爪哇音乐进行了深入的研究,并将其音乐形式融入自己的创作中。他还深入研究了来自俄罗斯的音乐，甚至花了将近四年的时间来研究俄国作曲家穆索尔斯基的歌剧《鲍里斯·戈杜诺夫》的总谱。来自异域的神秘力量帮助德彪西将自己的音乐与所谓的“正常”作品区分开来，更为精致的音乐从此在德彪西的笔下不断涌现。

德彪西结识了一位叫萨蒂的音乐爱好者，在萨蒂的帮助下，德彪西进一步认清了自己的音乐理念，逐渐摆脱了瓦格纳的影响。德彪西开始了自己代表作之一——歌剧《佩利亚斯与梅丽桑德》的创作，也由此开始了对于马拉美诗歌《牧神的午后》的关注。《牧神的午后》以古希腊神话为背景，其大致内容为：在夏日晴朗的某天，年轻的牧神在西西里海滨苇塘边醒来，偶然看到一群仙女在水中玩耍，他吹起自己的排箫，却因此搅扰了仙女，除却一对拥抱的仙女，其他仙女都四散而去。牧神走过去想拥抱她们，但是这唯一的一对仙女也离开了，年轻的牧神再次陷入了梦幻之中。马拉美作为象征主义诗派的代表人物，“纯美”理论是他诗歌美学中极为重要的一部分。他在遣词造句上追求独特的艺术性与音乐性，在他的诗作中营造出了一个晦涩虚无的美学空间。诗歌《牧神的午后》本身在创作时就充满了音乐性，德彪西对其极其欣赏，并决定为这首诗歌作曲。虽然德彪西的计划是作“前奏曲”“间奏曲”“释义终曲”三个部分，但是阴差阳错之下，最终得以问世的只有花费两年时间于 1894 年完成的《牧神的午后》前奏曲。

这首曲子一经问世就得到了高度评价。向来严苛的音乐评论家们对这部作品交口称赞，马拉美本人在听过演奏后也表示：“这首乐曲更加发挥了我这首诗的感情，比色彩更加生动地把情景摄录下来。”[①] 管弦乐前奏曲《牧神的午后》是印象派音乐的奠基之作。作为一部用全新的理念创作的乐曲，这部作品的问世一定程度上可以看作是印象派音乐发展成熟的标志。20 世纪著名作曲家、指挥家布列兹曾称赞这部作品为现

---

① 管谨义．欧洲著名音乐家评传 [M]．太原：北岳文艺出版社，2000：606-607．

代音乐的起点。

众人的赞誉没有让德彪西迷失方向，反而让年纪轻轻就在乐坛占有一席之地的他变得更加上进。一向追求精致的他对自己作品的要求变得更高，一些在他有生之年从未得以公开演奏的曲子便出现在这段时间。历时 8 年才最终完成的《佩利亚斯与梅丽桑德》就是他精益求精的直接体现。

幸好这部迟来的命途多舛的佳作最终并没有辜负作曲家的期望，虽然在公演之初经历了来自评论界的讽刺和原作者梅特林克因公演前换演员而引发的不满，但是在接下来的时间里好评如潮。罗曼·罗兰高度赞扬这部作品，将德彪西称为“伟大的梦境画家”。不惑之年的德彪西凭借这部作品获得了荣誉十字勋章，在音乐界有了真正属于自己的一块园地。在“印象主义”一词被赋予贬义含义的年代里，那些评价这部作品为“疾病”的声音一直存在，但是在漫长的岁月中，这部作品在各大剧院里轮番上演，甚至到今天仍旧是歌剧院里经常演出的曲目。这部作品以独立于瓦格纳光环以外的姿态，为德彪西和印象派音乐正名。

故居古老的走廊

也是在这一段时间里，德彪西被爱神眷顾，结识了恋人加布里埃尔·杜邦，她更为大众所熟知的名字是“绿眼嘉比”。她非常善良、勤劳，悉心照料德彪西的饮食起居，陪伴德彪西度过了一段最困难的日子。德彪西将未完成的歌剧《罗德里戈与契明》献给了嘉比。在与嘉比交往了几年之后，德彪西又结识了一头金发且窈窕动人的莉莉小姐，并于 1899 年 10 月 19 日与其结婚。

故居一隅

除了丰富的感情生活，在这一段时间内德彪西的音乐评论工作同样引人瞩目。自1901年4月开始，他为一本读者不多但是比较权威的杂志——《自由评论》撰写音乐评论。正是在这份杂志上，他说出了代表自己创作理念的名言：“我试图考察作品中那些使作品诞生的种种情感和作品中所包含的内心生活。这样做，较之解析音乐作品，就像拆卸稀奇古怪的钟表那样，不是更有趣吗？”[①] 可惜这份工作只持续了六个月便被德彪西以耽误音乐创作为由放弃了。重新捡起乐评，已经是一年之后的事情了。当然，这次也没有坚持太久，1903年6月他又把这份工作辞掉了。

坎坷晚年

德彪西人生的最后十几年是坎坷的十几年，也是他的艺术成就处于巅峰的十几年，他的许多经典作品在此期间陆续完成。

在结婚几年后，莉莉的性格已经无法吸引德彪西，而她不那么动听的嗓音令听觉敏锐的音乐家在激情退去后感到了厌倦。德彪西开始躲避在自己的音乐世界里，并于1903年创作了钢琴套曲《版画集》。《版

① 德彪西．热爱音乐：德彪西论音乐艺术[M]．张裕禾，译，北京：北京燕山出版社，2011：48.

画集》由《塔》《格拉纳达之夜》和《雨中花园》三首以不同国家和地区作为背景的乐曲组成，通过题材的创新、创作技法的创新、特殊的舞曲节奏以及前所未有的演奏技法，用音符为听众勾勒出了一幅幅色彩斑斓的印象主义油画，被视作印象主义流派中具有里程碑意义的作品。德彪西也由此奠定了他在印象派钢琴音乐领域中的地位。

1904 年是德彪西个人生活发生巨大变化的一年。他与已婚的女高音歌唱家艾玛·巴尔达克产生了感情，在他以自杀来威胁莉莉离婚时，不料误伤了莉莉，以致她被送入医院。朋友们的谴责并没有使德彪西回头，相反他都没去医院探望。这种行径使德彪西的名誉受到了很大影响，可是这并没能阻止他与艾玛私奔。德彪西和艾玛在 1905 年到了英国伦敦，同年 8 月继续出发前往萨塞克斯郡的伊斯特本，10 月他们又返回了巴黎。艾玛为德彪西诞下了第一个孩子——一位名叫秀秀的女孩，这使德彪西初次领略了天伦之乐的美妙。女儿出生后，艾玛与前夫的离婚判决书终于下发，德彪西随之与富有的艾玛结婚，过了一小段优渥的生活。

1905 年德彪西完成了历时两年的《大海》的创作工作。《大海》是德彪西创作的最大一部交响音乐作品，由三个不同的乐章组成；通过新颖的和声、短小的旋律、丰富的音色、自由的发展等印象派的手法，极为强烈地表现出“大海”中各种画面的色彩，生动地刻画出了一幅幅大海的生动画卷。与之前的《牧神的午后》《夜曲》所呈现的梦幻光色相比，《大海》更趋向于对大自然的真实描写，其问世标志着德彪西的交响音乐创作已发展到一个新的阶段。

与此同时，德彪西的身体开始出现问题，疾病缠身。他开始服用奎宁以及其他的一些药物。1907 年他的肠道疾病加重，至 1909 年，他不得不开始服用吗啡、可卡因等缓解疼痛。严重的病痛影响了德彪西的创作状态，但是他骨子里自带的艺术家的骄傲使他羞于将自己的症状宣之于口，甚至对医生也不屑告知。在这种隐瞒病情且不配合治疗的情况下，德彪西的病情恶化极为迅速，很快他的精神状态就大不如前了。

1905 年至 1907 年，德彪西完成了钢琴曲《意象集：第一集》的创作。在这部作品中，他第一次做到了回避大小调调性，全部使用全音音阶。在与友人的往来信件中他表达了对这部作品的满意之情："我想我可以毫不傲慢地说，我相信这三首作品将会存留下去，并且在钢琴曲目中占有一席之地……不是在舒伯特之左……就是在肖邦之右。"① 1906年至1908年，家庭成为他灵感的源泉。在女儿的影响下，德彪西的精神世界发生了微妙的转变，由激进变得内敛。受到女儿蹒跚学步的启发，他谱写了一组钢琴曲《儿童乐园》，并在女儿四岁时，当作生日礼物送给了她。1909年初，德彪西终于决定趁着当时巴黎社会对英国的推崇风气再赴伦敦，然而其病情却在出发前突然恶化。看到医生出具的诊断报告后，德彪西才知道一直使自己疼痛难忍的疾病不是普通的肠胃疾病，而是肠胃癌。尽管如此，迫于生计，他还是顽强地去往英国。同样是在这一年，德彪西在身体虚弱的状况下，在巴黎音乐学院得到了一个职位，但主要工作内容是担任各种竞赛的评委而不是教课。令人更为难过的是，他又遭受了另一种神经病症的困扰，双重的病痛折磨让作曲家更为敏感。在这种五感更为敏锐的状态下，他创作出了《春的回旋曲》等作品。11月，他接到了意大利诗人加布里埃尔·邓南遮为神秘剧谱写音乐的邀约。这部神秘剧以圣塞巴斯蒂安的殉教为主线，引起了当时一些正统宗教界人士的不满，以至于被巴黎主教列为禁书，演出也未能进行下去，直到1922年巴黎人才重新见到这部剧的全貌。

在财政危机的影响下，德彪西逐渐开始授权出版自己早年的作品，甚至无法继续之前半隐居式的生活，开始出现于公众的视线中。在这种情况下，1912年，德彪西同意俄罗斯芭蕾舞团改编自己的作品《牧神的午后》，并由首席舞者尼金斯基扮演牧神这一角色。虽然舞团的灵魂人物佳吉列夫在这部作品的改编上耗费了巨大的精力，但是德彪西和大

① 霍尔姆斯．伟大的西方音乐家传记丛书：德彪西[M]．杨敦惠，译．南京：江苏人民出版社，1999：129.

多数观众认为尼金斯基在这部作品里的表现算不上出色。恶言批评了尼金斯基的表演后，在酬金的诱惑下，德彪西又答应了佳吉列夫对另一部芭蕾舞剧《游戏》的改编。

在生命的最后十几年里，德彪西爆发出了巨大的创作热情，相继创作了《玩具盒》《马拉美三首诗》等作品，同时为《独立音乐杂志评论》和《国际音乐期刊》撰写音乐评论，并在1914年开启了自己最后一次的世界巡回演奏会。他撑着虚弱的身体接受一切能接到的有助于增加家庭收入的活动。同年，第一次世界大战开始，德国于1914年8月同法国宣战。在许多文艺界人士纷纷投身军队保家卫国的时候，德彪西却因为身体虚弱而只能改编肖邦的波兰舞曲和圆舞曲。可是法国在战争中的节节败退使他无心继续。1917年，德彪西完成了他生命中的最后一部作品《小提琴奏鸣曲》。在这部作品中，他挥洒出了所有爱国热情，同时也几乎耗尽了他所剩不多的生命力。

1918年3月25日，德彪西在德军对巴黎进行的一场轰炸中去世，

乐声从这里飞扬

这时距离他的母亲维多琳女士去世仅仅一年时间。三天之后，法国军队奇迹般地扭转了战局，但是伟大的音乐家德彪西，却永远无法亲身体会这次胜利的巨大喜悦了。

印象人生

德彪西虽然走了，但是他的乐曲永远流传。转眼间，余音绕梁已过百年，人们对德彪西的热爱有增无减。无论是 2012 年德彪西 150 周年诞辰，还是 2018 年德彪西逝世 100 周年的纪念日，全球各地纷纷举行各种大型论坛及音乐会以怀念这位在音乐史上名垂千古的伟大音乐家。

传记作家 L. 韦拉斯曾经评价德彪西说："德彪西是把 20 世纪的音乐与 19 世纪分开，这与贝多芬把 19 世纪的音乐与 18 世纪分开一样伟大。"[①] 德彪西的私生活虽然在当时饱受诟病，但是他作为"现代音乐之父"的地位不容置疑。

故居外景

德彪西一个人撑起了整个印象派音乐是一个多世纪以来人们的共识，他的音乐与当时绘画上的印象主义之风及文学上的象征主义潮流不无关系。"印

① 吕昕．世界音乐巨匠：德彪西[M]．北京：西苑出版社，2003：4．

象主义”一词最早是批评家用来讽刺莫奈1872年所作的《日出·印象》一画的,后来成了这一个流派的名称。彼得·汉逊在《20世纪音乐导论》一书中表示:“这时，青年人的热情和追求进步的努力，被追求感觉和自我放纵所代替。……象征主义的诗人，特别是魏尔伦、马拉美、J.拉法格和印象主义画家们（如莫奈、皮沙罗、西斯勒和雷诺阿）帮助了他们的同代人,使人们的感觉变得敏锐。诗人们愈来愈注意字句的声韵，为此常常牺牲意义的明晰。他们首要的目的是通过诗句的音响和节奏造成模糊的、瞬息即逝的气氛，避免讲述具体的故事或暗示道德。画家们也避开轶事或历史的真实的主题，以求集中在自然界的光的效果上。主题变得无关紧要了，而分裂成小块，达到颤动的质的色彩，变成了主要的兴趣所在。”① 德彪西认为,客观世界的存在是彩色的,音乐所要做的事情，就是将这些色彩表达出来，这也就是音乐存在的意义。如同莫奈等人用色彩的深浅明暗变化来捕捉自然界光与影变化的瞬间一样，德彪西的音乐所想要捕捉的，就是这种模模糊糊、转瞬即逝的印象。

在理性王国濒于崩溃的边缘、非理性的意识流出现在人们的视域内时，现代音乐创始人之一斯特拉文斯基说:“音乐的时间既是其本体上的，也是心理上的。钟表的时间是严格可以测量的，而心理上的时间是可变化的，它取决于听众和表演者对音乐的情绪作用。”② 这种与意识流一脉相承的表达，在德彪西的作品中具体表现为对瞬间情绪的捕捉以及没有固定的主题和完整的内容。德彪西认为自己的作品高于艺术，想要把握作品的全貌需要听众加入自己的理解，而非只是简单地聆听。德彪西的作品中，有一半以上是为当时出色的文学作品谱的曲，其中又以管弦乐前奏曲《牧神的午后》和歌剧《佩利亚斯与梅丽桑德》最为著名。

德彪西在古典主义与浪漫主义的共同影响下，用自我感觉作为突出

① 沈旋．德彪西：印象主义音乐的创始人[M]．北京：人民音乐出版社，1998：6．
② 姚恒璐．现代音乐分析方法教程[M]．长沙：湖南文艺出版社，2003：20．

重围的切入点，在作品中对心灵之美进行了细致的描绘。他吸纳传统的音乐技巧，融汇东西方音乐特色，巧妙地运用和声与配器，创造出前所未有的音乐世界。那些超脱了俗世清规戒律的音节，是他描摹世界的工具，更是他打开玄之又玄的精神世界大门的密钥。模糊的轮廓和朦胧的意境，是他眼中的世界，更对20世纪音乐的发展方向产生了重要影响。他进行音乐创作，亦进行音乐评论，文字犀利直白，直切要害，受到了音乐评论界的重视。印象派音乐由他创造、由他发展，“印象派的开山鼻祖”扛起了“一个人的流派”，充分展示出了印象派音乐的特色。德彪西一生与文艺相伴，与诸位画家、文学家交往紧密，将各界艺术理论之精粹应用于自我创作中，在音乐史上书写出浓墨重彩的一章，因此，他被称为“现代音乐之父”，至今仍受到世人景仰。

（撰稿：崔凌鑫）

参考文献

德彪西．热爱音乐：德彪西论音乐艺术 [M]．张裕禾，译．北京：北京燕山出版社，2011.

管谨义．欧洲著名音乐家评传 [M]．太原：北岳文艺出版社，2000.

霍尔姆斯．伟大的西方音乐家传记丛书：德彪西 [M]．杨敦惠，译．南京：江苏人民出版社，1999.

梁宝忠．德彪西《牧神午后》音色处理技术探微 [J]．音乐艺术，2012（1）.

吕昕．世界音乐巨匠：德彪西 [M]．北京：西苑出版社，2003.

沈旋．德彪西：印象主义音乐的创始人 [M]．北京：人民音乐出版社，1998.

宋永莉. 幻觉中的欲望：管弦乐《牧神午后》前奏曲的神话基因 [J]. 美与时代，2006（8）.

姚恒璐. 现代音乐分析方法教程 [M]. 长沙：湖南文艺出版社，2003.

朱秋华. 德彪西 [M]. 北京：东方出版社，1997.

斯坦尼斯拉夫斯基

斯坦尼斯拉夫斯基是俄国著名的戏剧教育家、理论家，对俄国乃至世界戏剧艺术的发展方向产生了重要的影响。他一生中积极探索戏剧表演的理论与方法，探索出的“斯坦尼斯拉夫斯基体系”，与“布莱希特体系”和“梅兰芳体系”并称为“世界三大戏剧表演体系”，至今仍展现着强大的生命力与影响力。

现今的莫斯科市列昂季耶夫巷 6 号是斯坦尼斯拉夫斯基故居博物馆。斯坦尼斯拉夫斯基这位伟大的戏剧艺术家就是在这里度过了他生命的最后 17 年，并在这里完成了他对世界三大戏剧表演体系之一——“斯坦尼斯拉夫斯基体系”的探索，以及《演员的自我修养》等系列重要著作的撰写。

斯坦尼斯拉夫斯基仿佛是一位为艺术而生的人，艺术与生活在他的生命里浑然交织，这一点在我们步入斯坦尼斯拉夫斯基故居的时候感受尤为真切。位于列昂季耶夫巷的这座淡黄色三层建筑，虽然现在看起来毫不起眼，但在 20 世纪初却堪称豪华公馆。这座建筑原是俄国一位富商的宅邸，在十月革命后被苏联政府收归国有。后来为了向斯坦尼斯拉夫斯基这位“苏联人民艺术家”

致敬，苏联政府将这所房子赠予了他，并在 1938 年将这所房子所在的大街更名为“斯坦尼斯拉夫斯基大街”。

承自富商的宅邸内部十分豪华，但斯坦尼斯拉夫斯基不耽于物质的享受，只追求徜徉于艺术世界的精神享受，因此，在入住后他便将二楼最宽敞的一个大厅改造成了一处小型剧场供歌剧研究所使用。剧场的配套设施比较完备，而且在这处小剧场旁边还专门设有供演员休息、换衣服的场所。由于这处剧场排演的第一部剧目是《叶甫盖尼奥涅金》，于是剧场也被称作“奥涅金厅”。年迈的斯坦尼斯拉夫斯基就在这里指导年轻演员们排演剧目，讲述表演的技巧与方法，将自己汲汲探索出的“体系”传承下去。

如今的我们难以想象这座颇有些“遗世独立”味道的淡黄色建筑曾经宾客络绎不绝，演员们争相来到这里请求他们的偶像斯坦尼斯拉夫斯基的指导，以期在舞台表演方面获得更大的发展。这座建筑的二层除了奥涅金厅外，还有斯坦尼斯拉夫斯基的工作室及他和妻子莉莉娜的卧室。整座建筑的绝大部分空间都为斯坦尼斯拉夫斯基探讨艺术表演而服务，

斯坦尼斯拉夫斯基故居（俄罗斯莫斯科）

卧室或许是这座建筑中生活气息最浓厚的一个房间了，然而在这里也并没有过多的私人色彩。晚年的斯坦尼斯拉夫斯基就是在这间卧室床边的桌案上，整理出了自己所挚爱的表演艺术探索的成果，为后世留下了宝贵的理论经验。在这一时期，每天起床后，斯坦尼斯拉夫斯基都要在这里伏案工作数小时，总结自己毕生的所学所获，终于在 1938 年逝世之前完成了《演员的自我修养》一书。

此书作为“斯坦尼斯拉夫体系”的精华，甫一出版便在世界范围内收获了如潮好评，至今仍被无数表演艺术家奉为圭臬。《演员的自我修养》一书并不是斯氏“体系”的全部，在这本书完成的同年，斯坦尼斯拉夫斯基又开始着手创作《演员创造角色》一书。然而遗憾的是，此时的斯坦尼斯拉夫斯基身体状况已经不足以支撑他进行日常写作，即使采取了由自己口述、他人笔录的方式，也没能坚持到此书完稿便在卧室的床榻上与世长辞。而与本书书稿同时进行的那未完成的《伪君子》的剧目导演，同样成了斯坦尼斯拉夫斯基与整个戏剧艺术界永远的遗憾，但也正是这种遗憾向世人展示了“生命不息，艺术不止”的真正奥义。

故居大门

斯坦尼斯拉夫斯基对艺术的热爱与孜孜探索的精神，不仅没有随着时间的流逝而淡化，反而愈加荡气回肠，而他对自己所热爱的艺术的专注、热情足以感染踏入这座建筑中的每一个访客。他留给我们的不仅仅是在戏剧艺术方面的探索与突破，还有激励人奋发向上、为所爱而奋斗的强大动力。他的故居承载并流传后世的不仅仅是他的生活面貌，更是他那足以震撼人心的品格与精神面貌。

斯坦尼斯拉夫斯基生活的时代名人辈出，列夫·托尔斯泰、契诃夫、高尔基等响誉世界的大文豪活跃在这个时代，他们为俄国戏剧的发展提供了质量上乘的剧本，而斯坦尼斯拉夫斯基与这些大文豪们过从甚密。在他的导演经历中，除了一些外国经典作品以外，他十分乐于将这些俄国本土作家自己创作的剧本搬上舞台，契诃夫的《海鸥》《万尼亚舅舅》《三姐妹》《樱桃园》，托尔斯泰的《教育的果实》等一系列经典作品都曾被斯坦尼斯拉夫斯基导演，并大获成功。这些优秀的剧本为斯坦尼斯拉夫斯基进行表演艺术的改革与突破提供了助力，使他的革新更容易为观众所接受并有利于在世界范围内推广。就是在一部部剧本的磨砺中，斯坦尼斯拉夫斯基才成就了自己的“体系”,一出出的剧目与一套“体系”便构成了“他的艺术生活”。

种子的萌芽

艺术的殿堂从来都高歌灵感与天才，就像那天空中的繁星，刹那间划过夜幕的流星比默默发亮的小星星更能获得人们的注意与赞美，但斯坦尼斯拉夫斯基却用自己的成功告诉我们，小星星也有大放光芒的那一天，而成功的秘诀就是你要时刻准备着、奋斗着。

“我已经决定，等自己长大了就要做一个马戏团的导演。”[1] 一天，

① 斯坦尼拉夫斯基．斯坦尼拉夫斯基自传：我的艺术生活[M]．吴霜，译．北京：团结出版社，2006：33.

年幼的斯坦尼斯拉夫斯基向自己的小伙伴宣告了这个决定。自此，成为导演的梦想在斯坦尼斯拉夫斯基稚嫩的心中开始生根发芽。

斯坦尼斯拉夫斯基的原名叫作康斯坦丁·谢尔盖耶维奇·阿列克赛耶夫，1863 年 1 月 18 日，诞生于莫斯科市的一个富商家庭。康斯坦丁的父亲谢尔盖·阿列克赛耶夫在当地拥有一家祖传的生产金丝的工厂，收入颇丰。他的母亲伊丽莎白是著名女演员瓦利的女儿，外祖母的表演基因在康斯坦丁与他的兄弟姐妹们身上都得到了延续。

康斯坦丁的父母感情甚笃，十分相爱，家庭氛围温馨和睦。他们不热衷于所谓上流社会或贵族社会夜夜笙歌的浮夸生活方式，而喜欢与家中的孩子们一起度过平淡却幸福的时光。康斯坦丁兄弟在父母的爱与陪伴中快乐成长。

幼年时，康斯坦丁身体孱弱，母亲伊丽莎白疼惜自己的孩子，担心他在公立学校会遭受欺凌或感染疾病，因而便聘请家庭教师在家中教导他和哥哥。康斯坦丁 3 岁时，母亲为他们请来了一位女家庭教师——斯诺波娃小姐。康斯坦丁和哥哥十分喜欢这位女教师，并亲昵地用妹妹季娜的语误“普普莎”来称呼她。普普莎的教学深受孩子们的喜爱，她经常为孩子们编故事，并教孩子们排演一些短小的场景，可以说普普莎老师承担了康斯坦丁表演启蒙的角色。在普普莎的帮助下，康斯坦丁在家中完成了自己人生中的首次登台：在一次家庭表演中他扮演了四季中的冬季。尽管这次演出并不如意——年幼的康斯坦丁不懂什么叫“假装”，而将自己手中的木棍真正地扔进了火堆，并引燃了舞台周边的物品，引起了一片慌乱，但对戏剧的好奇与兴趣已在康斯坦丁的心中埋下了种子。1928 年，此时已鼎鼎有名的康斯坦丁送给斯诺波娃一幅画像，上面题着：“送给亲爱的、几乎是我的第二母亲和第一任导演的普普莎。”①

① 龙飞，孔延庚. 戏剧史上的一座丰碑——纪念斯坦尼斯拉夫斯基逝世 60 周年 [J]. 俄罗斯文艺，1998（4）：55-61.

随着孩子们年龄的增长，他们很快就到了服兵役的年纪。尽管母亲伊丽莎白不愿让孩子们到公立学校去，但由于当时政府颁布了普通兵役制，规定只有在公立教育系统中才可以免服兵役，因此伊丽莎白不得不让孩子们去学校里接受教育。1875 年，13 岁的康斯坦丁和哥哥进入了普客罗夫卡第四模范中学。然而，康斯坦丁在这里的学习生活并不顺利。康斯坦丁的成绩不好，动作笨拙，这在家庭教育中还不明显，但到了公众场合中便显露无遗。入学时本该进入三年级的康斯坦丁，考试成绩却只够进入一年级。过高的个头使他在班级里格外引人注目，于是他刻意降低自己的身高，之后养成了驼背的习惯，与此同时淡淡的自卑情绪在他心底蔓延。

康斯坦丁的父亲对孩子们的宠爱依然在继续。孩子们酷爱戏剧，他就在自己家新建的别墅中专门修建了一个小型剧场供孩子们玩乐，或许后来斯坦尼斯拉夫斯基在自己家中修建剧场的渊源就在于此。孩子们获得自己梦寐以求的玩具时的那种珍惜，在康斯坦丁的家里也不例外。康斯坦丁和他的兄弟姐妹们非常喜爱新建成的小剧场，他们把自己所有的零用钱都拿来置办演出用的服装与舞台布景，几乎在那里度过了他们所有的闲暇时光。

洁净明亮的小楼

静静的工作室

童年的兴趣并没有随着时间的磨砺而丧失光芒，表演艺术对康斯坦丁而言一直有着无穷的吸引力。随着年龄的增长，康斯坦丁对表演艺术的认识也发生了变化，家庭剧场中的游戏已经不能满足康斯坦丁对艺术世界的探寻，他很快进入了一个私人剧院并成为一名业余演员。康斯坦丁决定用“斯坦尼斯拉夫斯基”作为自己的艺名，他认为这样一个波兰姓最能把他隐藏起来。在剧院的工作成了他的一个“秘密”，不过这一“秘密”很快就暴露在了阳光下：在一次表演时，他一登台便看到自己那同样喜爱戏剧的父母坐在台下,“秘密”就这样被发现了。虽然被父母发现了自己的“秘密”，但是康斯坦丁并没有因此而放弃成为一名演员，反而坦然用“斯坦尼斯拉夫斯基”这一艺名继续踏上追寻梦想的旅程。

康斯坦丁不是一个聪慧的孩子,这一点在他童年入学时就有所显露，并在他踏上舞台后彻底暴露在公众的视野中。他笨拙的动作与混乱的语言常使他在舞台上遇冷，遭受别人的讥讽与嘲笑。尽管如此，康斯坦丁仍然坚持自己的梦想，选择用加倍的努力来弥补自己天分的不足。有一次，在酷暑时节，按照惯例康斯坦丁和他的家人都会去往乡下避暑，但这一次康斯坦丁选择了独自留在城里的家中磨炼演技。康斯坦丁家里的大厅中有一面很大的镜子，站在镜子前能够清晰地观察到自己的动作与神态,大厅里面的石壁与楼梯也巧妙地让自己的声音有一种回声的效果。为了达到自己的目标，每天下班回来后康斯坦丁都站在镜子前面练习到凌晨的两三点钟。

康斯坦丁的努力需要方向的指引。随着对戏剧艺术了解的逐渐深入，他开始自觉思考演员应该如何进行表演，而史迁普金的小剧场给了他很好的启发。史迁普金是俄国现实主义戏剧的奠基人，对俄国戏剧风格的发展有着重要的影响，遗憾的是康斯坦丁无缘与这位艺术大师进行直接交流——1863年康斯坦丁出生的同年史迁普金去世，冥冥之中的巧合仿佛就这样将扛起俄国戏剧艺术大旗的责任进行了交接。康斯坦丁曾坦言："我可以大胆地断言，我是在小剧场里受的教育，而不是在学校里。"① 在小剧场里，康斯坦丁结识了史迁普金的学生叶尔莫洛娃，并从她那里真正认识了史迁普金的表演手法及现实主义的表演方法，这些表演技巧为他以后的艺术探索指明了方向。

有了明确的方向再加上脚踏实地的努力，康斯坦丁的表演渐入佳境，而"斯坦尼斯拉夫斯基"这个名字也逐渐为公众所知。在1888年的一次业余演出中，斯坦尼斯拉夫斯基邂逅了后来成为自己妻子的玛利亚·莉琳娜。那次演出的剧目是克雷洛夫的《天之骄子》，台上两人分别扮演男女主角，台下两人彼此欣赏，迅速坠入爱河。同年，斯坦尼斯拉夫斯基的友人邀请他共同建立一个名叫"莫斯科文学艺术协会"的业余剧团，斯坦尼斯拉夫斯基也邀请了莉琳娜参加。协会的首演选择的是普希金的《吝啬骑士》和莫里哀的《乔治·唐丹》,演出大获成功。次年，斯坦尼斯拉夫斯基与莉琳娜举行了婚礼，他们的文学艺术协会也开始在莫斯科演艺界崭露头角。

随着斯坦尼斯拉夫斯基登台表演次数的增加，他对表演也有了更深刻的思考。他指出要用真正的灵感取代虚假的舞台情感，演员才能更有创造力。在表演艺术的教学领域，除史迁普金留下的一些表演经验外，演员们都是靠自己的直觉来练习表演，而没有具体、系统的学习理论体系。这些思考都在斯坦尼斯拉夫斯基的艺术世界中留下星星之火，只等一阵风来，便成燎原之势。

---

① 斯坦尼拉夫斯基. 斯坦尼拉夫斯基自传：我的艺术生活[M]. 吴霜，译. 北京：团结出版社，2006：71.

历练与成长

斯坦尼斯拉夫斯基的演技在一次次演出中得到磨炼，他积极尝试舞台上的不同角色，对表演艺术也有了自己的思考。渐渐地，他对戏剧艺术已从最初的兴趣变成了热爱。除了演员之外，他也开始接触舞台演出中的其他工作，导演就是他的一次勇敢尝试。列夫·托尔斯泰的《教育的果实》是斯坦尼斯拉夫斯基执导的第一部戏剧。导演这出剧目时，斯坦尼斯拉夫斯基面临很大的压力。当时正值剧团经济困难时期，若是这部戏剧能够成功，那么就能一定程度上缓解剧团窘迫的经济情况，但是资金的短缺又注定这部戏剧没有华丽的舞台布景，演出的效果全部取决于演员们的演出，也正是这种机缘巧合促使他发现了“真实”这一“斯坦尼斯拉夫斯基体系”中的重要内容。好在这部剧的演出很成功，多次重复上演，帮助他们的剧团渡过了难关。斯坦尼斯拉夫斯基也凭借这出剧目获得了此后他生命中最重要的人之一——聂米罗维奇·丹钦科的关注，为后来二人成立专业剧院埋下伏笔。《教育的果实》成功上演之后，剧团在稳定中发展，但业余剧场的演出并不能满足斯坦尼斯拉夫斯基这样一位志存高远的艺术家的追求。此时，与丹钦科的相遇成为他艺术生涯中的一个重要转折点。

如果说从前的演艺经历成就了斯坦尼斯拉夫斯基的演员身份，那么与丹钦科的合作则使斯坦尼斯拉夫斯基真正成为一名艺术家。1897 年 6 月的一天，丹钦科主动邀请斯坦尼斯拉夫斯基进行了一次谈话，主要目的在于讨论建造一座剧院。两人一拍即合，丹钦科的文学造诣与斯坦尼斯拉夫斯基的表演才能加在一起，无疑能够成就一个剧团。二人就剧团的未来做了明确的分工，丹钦科负责剧团文学方面的问题，斯坦尼斯拉夫斯基负责剧团艺术方面的问题。这次谈话从早晨 10 点一直持续到第二天凌晨 3 点，足足进行了 17 个小时，斯坦尼斯拉夫斯基与丹钦科就剧团建设所面临的一些基本问题达成了一致。这次谈话对日后剧团的发展有决定性意义。

剧团的发展方向虽已明确，但剧团的建设还面临着许多现实问题，首先就是资金的问题，因为仅凭他们两人的财力不可能成功落实剧团的建设计划，所以他们四处奔走，游说富商向剧团投资。尽管他们的努力有一定成效，但仍存在一部分资金缺口。经过讨论之后，他们决定向俄国大商人莫洛佐夫寻求帮助。出乎所有人意料的是，求助莫洛佐夫的过程竟格外地顺利，莫洛佐夫很快就决定向剧院投资，并收购了剧院的所有股份。有了莫洛佐夫的资金支持，剧院很快就成立了，名字最后定为“莫斯科艺术与大众剧院”。莫斯科艺术与大众剧院在斯坦尼斯拉夫斯基的艺术生涯中占有重要地位。在经历了前期的艺术滋养之后，斯坦尼斯拉夫斯基的艺术之花于此处绚烂绽放。在这里他既做演员也做导演，最终形成自己的表演、导演体系。

剧院的成立为斯坦尼斯拉夫斯基脑海中的种种艺术构思提供了实现的可能。莫斯科艺术与大众剧院的成员大都来自原莫斯科文学艺术协会与丹钦科原来所在的音乐学校，他们对以往的布景、道具、服装等方面都进行了革新，使当时俄国的戏剧表演焕然一新。

如果说布景、道具、服装都是形式方面的内容的话，那么演员们就

演出用品陈列室

是剧院的灵魂所在。斯坦尼斯拉夫斯基为剧院成员们设置了严格的纪律来规范演员们的行为，并时常以“小演员，大角色”之类的话语来教育演员要认真对待每一个角色。值得一提的是，斯坦尼斯拉夫斯基并没有把自己排除在剧院纪律规范的范围之外，他以身作则，严格遵守剧院的种种规章制度。列昂季耶夫巷斯坦尼斯拉夫斯基故居的一间陈列室里，就存放着斯坦尼斯拉夫斯基这一时期写的两封信，其中一封是他因为迟到而向剧院成员们写的道歉信，另一封是因为自己在表演时忘了台词而写的自我检讨信。斯坦尼斯拉夫斯基身体力行，为剧院中的工作人员树立了榜样，整个剧院在他的带领下秩序井然。

1898 年 4 月 14 日晚，莫斯科艺术与大众剧院迎来了首次演出，演出的剧目是托尔斯泰的《沙皇费多尔·伊凡诺维奇》。斯坦尼斯拉夫斯基任这场戏的导演，演出采用了不同于以往的布景，并对原剧本做了些许删节以适应新剧院的风格。首次演出虽然存在很多问题，不过也获得了一些观众的认可。此后剧院又陆续上演了《沉钟》《作威作福的人们》《女店主》，但真正为剧院在莫斯科赢得一席之地的是契诃夫的作品《海鸥》的演出。

契诃夫的《海鸥》不是一部很适合搬到舞台上的剧目，因为这个剧本中的情节不但不具有戏剧性，而且还略显单调枯燥，但其中却又暗藏深意。这样风格的作品往往不容易把握，但在丹钦科的坚持下他们还是决定尝试一下。想要上演《海鸥》必须要得到原作者的同意，但契诃夫显然不那么好说话——《海鸥》曾经在圣彼得堡的一家剧院里上演过，但演出效果十分不理想，并且契诃夫当时

小巧玲珑的化妆工具

还亲临现场见证了那场失败，这使契诃夫大受打击，甚至发誓再也不创作剧本。契诃夫刚开始并不同意莫斯科艺术与大众剧院上演《海鸥》，因为他不想再次遭受失败的痛击。丹钦科经过很长时间的努力才获得契诃夫的信任，最终使他同意莫斯科艺术与大众剧院将《海鸥》重新搬上舞台。

剧院的成员们都十分看重这部戏，丹钦科甚至为了这部戏的布景与道具而在剧场里住了整整两周。当剧院众人都对这部剧抱以极大的热情与期望的时候，噩耗传来——在正式上演的前夜，剧院突然接到了契诃夫姐姐的电话，表示希望能够取消这部戏的上演，因为契诃夫病重，万一这部戏再次惨遭失败，那么这对契诃夫来说会是致命性的打击。虽然剧院最后说服了契诃夫的姐姐，但这一插曲仍成了高悬在剧院成员头顶上的一把利刃，一旦他们失败，就会成为契诃夫这位伟大的作家遭遇不幸的导火索。

第二天，《海鸥》正式上演，所有成员以高度的专注力向这部优秀的作品、向伟大的契诃夫致敬，他们真正融入了剧本，没有夸张，没有矫揉造作，动作舒展自然，仿佛自己真的就是剧中的人，而不只是“假装”。演出完成后，观众席哑然无声，舞台上演员们感觉恶魔的镰刀仿佛要垂下了，恍惚间不知从哪个方向传来了稀疏的掌声，所有观众乍然惊醒，顿时剧院内掌声如雷。《海鸥》的演出大获成功，它不仅为契诃夫洗雪了耻辱，更使斯坦尼斯拉夫斯基式的现实主义表演方法得到了大众的认可，并使剧院的发展步入一个新的台阶。从此以后，莫斯科艺术与大众剧院舞台的帷幕上多了一只翱翔的海鸥——剧院有了新的院徽。

《海鸥》的成功使斯坦尼斯拉夫斯基大受鼓舞，曾在他脑海中琢磨过无数遍的表演技巧被搬上舞台，他对舞台表演创造性的改革从此开启了俄国现实主义表演的新纪元。《海鸥》成功的消息使契诃夫对莫斯科艺术与大众剧院信心倍增。在此后的几年中，他积极与剧院合作，相继为剧院提供了《万尼亚舅舅》《三姐妹》《樱桃园》等优秀剧本，而且这些剧作都毫无意外地收获了如潮的好评，将剧院与斯坦尼斯拉夫斯基推到了一个前所未有的高度，使斯坦尼斯拉夫斯基成为莫斯科家喻户晓的优秀演员。在这些表演实践中，斯坦尼斯拉夫斯基的现实主义表演方法日渐成熟，“体系”逐渐在他的脑海中有了雏形。

契诃夫与剧院合作默契，仿佛鱼与水，关系十分密切。契诃夫在1901年与《海鸥》中扮演女主角的演员奥尔加·列昂纳多芙娜·克尼碧尔结婚。然而，就在1904年，《樱桃园》初演的那一年，年仅44岁的契诃夫病重去世。契诃夫的去世给了剧院当头一棒，莫斯科艺术与大众剧院的名字与契诃夫的名字早就紧紧地连在了一起，在他去世后的很多年里，莫斯科艺术与大众剧院都无法跳出“契诃夫传统”的藩篱。失去了契诃夫的剧院面临着前所未有的挑战，斯坦尼斯拉夫斯基自己也陷入了困境，他的表演与导演方法几乎与契诃夫的剧本一路同行才走到今天，失去了契诃夫的剧作对他而言仿佛就失去了灵魂。

屋漏偏逢连夜雨，1905年，俄国国内局势动荡，剧院慷慨的投资人莫洛佐夫受其影响，在法国开枪自杀。作为剧院的管理者，莫洛佐夫几乎从不对艺术表演指手画脚，而是给演员与导演充足的信任，并以强大的财力作为后盾来支持他们。莫洛佐夫是剧院的幕后人，剧院的成功与他的“放”与“管”密不可分。

相继失去了契诃夫与莫洛佐夫的帮助后，剧院的前途一片黑暗。“先是契诃夫的逝世让我们剧团失去了相当的信心。而莫洛佐夫先是患病，后来也逝世了。这则让整个剧团完全失去了信心。”① 斯坦尼斯拉夫斯基深感迷茫与绝望。而当时俄国的社会政治形势也日益严峻，在这样的情形下，1906年斯坦尼斯拉夫斯基带领妻子、女儿出国到芬兰休养。在国外，他摒除杂念，认真总结了自己一路走来的舞台经验。斯坦尼斯拉夫斯基所进行的艺术革新是创造性的。对于一个在艺术丛林中的赶路人，前方是一片未知的无人之境，若只顾埋头走路就很容易在赶路中失去方向，所以他总是需要不时地停下来确认自己是否迷失了方向。斯坦尼斯

---

① 斯坦尼拉夫斯基．斯坦尼拉夫斯基自传：我的艺术生活[M]．吴霜，译．北京：团结出版社，2006：362．

娇小洁净的餐室

拉夫斯基在自己的创作上是非常勇于自我批评的。他从不为自己的胜利所陶醉，也绝不掩饰自己的失败。在他看来，每一次错误都是一个教训，每一次胜利都只不过是走向更加完美境地的一段阶梯。他决不允许任何妥协或宽容错误的做法。他对自己始终是一个铁面无私的法官。

斯坦尼斯拉夫斯基回顾自己多年的舞台表演经验,对自己进行剖析，他发现自己不知何时已经失去了对表演创作的热情，在舞台上所展示的不过是僵硬、重复的动作。在多年烦琐的工作中，他失去了自己在《海鸥》中的那份灵动,他认识到自己需要改变了。他坦称,在 1906 年以后，自己的工作进入了一个新的阶段："我将莫斯科艺术和大众剧院的艺术工作分为两个阶段。第一阶段是从剧院成立到 1906 年；第二阶段是从 1906 年直到现在。"①

收获的季节

在芬兰的思考使斯坦尼斯拉夫斯基明确认识到了自己的不足，回到莫斯科以后他开始有意识地探索新的表演法则。他细心观察舞台上的自己与他人。在一次偶然的表演中，他体会到了一种他称之为"创作情绪"的感觉，然而创作情绪就如灵感一般转瞬即逝，难以把握，他开始

① 斯坦尼拉夫斯基．斯坦尼拉夫斯基自传：我的艺术生活[M]．吴霜，译．北京：团结出版社，2006：258．

思考能够刺激演员产生创作情绪的技巧。在不断的摸索中，他从自己身上发现了“表演的秘密”，那就是表演时要全神贯注于自己的身体和感觉。以往剧院的演出，总是要顾及观众的各种情绪，取悦观众，但当演员丢弃了取悦的姿态，认真做“自己”时，观众反而会更加积极主动地去融入表演，感受舞台。只有当演员相信自己就是角色本人，相信舞台上的一切都是真实的时，他才能真正成为一个浑身散发魅力的“人物”，而不仅仅是表演中的一个“角色”。只有在真实感的帮助下，舞台上演员的动作才自然流畅，才“有逻辑”。“体验派大师”斯坦尼斯拉夫斯基的“体验”由此而来，“斯坦尼斯拉夫斯基体系”就此初步形成。它改变了早前做作、夸饰的表演风格，将舞台上的场景与现实分割成两个世界，这就是著名的“第四堵墙”理论。

“体系”虽然初步形成，但还只停留在理论上，它需要经过实践的检验。1909年，47岁的斯坦尼斯拉夫斯基开始执导屠格涅夫的剧作《乡间一月》，他用这部展示复杂心理的剧本来进行自己“体系”的试验工作。12月，《乡间一月》成功上演，斯坦尼斯拉夫斯基对自己的“体系”更加有信心。

温馨的卧室

1911年，49岁的斯坦尼斯拉夫斯基在国外休养期间，偶遇了高尔基，他向其介绍了自己的“体系”，得到了高尔基的认可。同年，斯坦尼斯拉夫斯基向著名戏剧评论家埃夫罗斯介绍了自己的“体系”，并帮助埃夫罗斯的演员妻子成功塑造了莎士比亚剧作中的麦克白夫人一角，这使斯坦尼斯拉夫斯基大受鼓舞。

斯坦尼斯拉夫斯基对“体系”的探索与实践也获得了好友丹钦科的坚定支持，丹钦科鼓励剧院的演员们学习斯坦尼斯拉夫斯基的系统理论。但遗憾的是，他在剧院内部推行自己的“体系”并不成功。演员们习惯了在舞台上做机械的动作，他们的思想早已懒惰，很难在舞台上进行新的探索与变革。在“体系”的约束下，演员们的表演反而大不如前，斯坦尼斯拉夫斯基不得不放弃。

虽然在剧院内部试验“体系”遭遇滑铁卢，但斯坦尼斯拉夫斯基并没有对自己的“体系”失去信心。有经验的演员们表演的方法与技巧已渐趋定型，很难产生改变，所以他最终将目光聚焦于年轻演员身上。1913年，斯坦尼斯拉夫斯基自己出资筹建了“第一研究所”，旨在帮助那些向他求教的年轻人，也借由他们实践自己的“体系”。研究所内所有人都对“体系”抱有极大的好奇与热情，他们是第一批系统学习“体系”的人，后来也是由他们将“体系”在世界范围内逐渐推广开去。

研究所的成功使“体系”得到了广泛的认可，斯坦尼斯拉夫斯基的名声日盛，得到了莫斯科大歌剧院的关注。如果说得到观众的认可使斯坦尼斯拉夫斯基获得了世俗的成功的话，那么得到专业人士的认可则使斯坦尼斯拉夫斯基获得了艺术的成功。莫斯科大歌剧院的演艺人士希望能在莫斯科艺术与大众剧院的帮助下提高自己的艺术水平。于是，1918年，由莫斯科大歌剧院和莫斯科艺术与大众剧院联合组成的歌剧研究所成立了，斯坦尼斯拉夫斯基任研究所的主要负责人，主要工作是将“体系”融入歌剧中。几年后，为了嘉奖斯坦尼斯拉夫斯基在艺术领域的探索与发现，苏联政府将莫斯科列昂季耶夫巷的一所宅邸赠送给了斯坦尼斯拉夫斯基，斯坦尼斯拉夫斯基将这座建筑的二楼改造成了一个小型剧场，供歌剧研究所使用。斯坦尼斯拉夫斯基余生的大多数时光都在这所房子里度过，除剧院的活动外，他基本都在这里帮助歌剧研究所的演员们排演新戏，解答困惑。

或许是演员们层出不穷的困惑刺激了斯坦尼斯拉夫斯基，或许是日益年迈的老人对“体系”的传承有所担心，1923 年斯坦尼斯拉夫斯基接受美国一家出版公司的建议，开始撰写《我的艺术生活》，总结自己从艺多年的心路历程。此书次年在美国出版。1925 年，斯坦尼斯拉夫斯基开始撰写《演员的自我修养》，详细系统地介绍自己的“体系”内容。这本书稿撰写过程极其漫长，一方面是因为繁忙的工作使斯坦尼斯拉夫斯基实在难以抽出闲暇时间来写作，另一方面因为“体系”的内容从脑海里到纸面上需要经过严密的逻辑整理，工作量庞大，直到 1938 年的 6 月——他去世前的两个月这本书的初稿才完成。这本书作为“体系”的核心部分，至今仍被无数演员奉为圭臬，捧在手里认真研读。

1938 年，垂垂老矣的斯坦尼斯拉夫斯基度过他繁忙的最后一段时间。1938 年 1 月，斯坦尼斯拉夫斯基 75 岁诞辰之际，苏联政府继 1936 年授予他“苏联人民演员”称号后再次授予他“列宁勋章”，并将他寓所所在的列昂季耶夫巷命名为“斯坦尼斯拉夫斯基大街”。2 月，斯坦尼斯拉夫斯基在寓所二楼改造成的小型剧场中导演莫里哀的《伪君子》。

绿草荫荫的庭院

6月，他开始进行《演员创造角色》一书的撰稿，由他本人口述、其他人手录。8月7日，斯坦尼斯拉夫斯基闭上了双眼，再也没有醒来，他的艺术生涯至此落幕。他去世后苏联政府组织了规格很高的治丧委员会，由苏联人民委员会副主席布尔加宁致悼词，号召全体艺术工作者学习斯坦尼斯拉夫斯基为人民服务，特别是为培养青年一代戏剧演员鞠躬尽瘁的精神。他生前未完成的《伪君子》，在1939年由莫斯科艺术与大众剧院搬上舞台，借此向这位伟大的艺术大师致敬。

斯坦尼斯拉夫斯基将自己探索“体系”的过程比喻为在沙海淘金，他幸运地在沙海中找到了几粒金屑，这些金屑并没有随着他的离去而丧失风采，反而在岁月的磨砺中日益闪耀。

（撰稿：丁柯欣）

参考文献

龙飞，孔延庚. 戏剧史上的一座丰碑——纪念斯坦尼斯拉夫斯基逝世60周年[J]. 俄罗斯文艺，1998（4）.

马加尔沙克. 斯坦尼斯拉夫斯基传[M]. 李士钊，田君美，译. 上海：上海译文出版社，1984.

斯坦尼斯拉夫斯基. 斯坦尼斯拉夫斯基全集（第一卷）[M]. 史敏徒，译. 北京：中国电影出版社，1958.

斯坦尼拉夫斯基. 斯坦尼拉夫斯基自传：我的艺术生活[M]. 吴霜，译. 北京：团结出版社，2006.

郑雪来. 中外电影戏剧研究论集[M]. 北京：北京时代华文书局，2016.

马蒂斯

法国尼斯的西米埃园内有一座三层的赭红色建筑，掩映在郁郁葱葱的橄榄林间，其外墙上精致繁复的装饰画显现着这座建筑浓郁的热那亚风格。这里景色雅致，环境静谧，仿佛是童话里的秘密花园。这便是19世纪艺术家亨利·马蒂斯晚年居住的地方，也是马蒂斯大部分作品——包括236幅画作、218幅版画等的收藏之处。1917年为了躲避战乱，47岁的马蒂斯来到了法国尼斯，在这个法国东南部、地中海沿岸的小城留下了他的诸多印记，为这个城市增加了诸多鲜明的色彩。70岁左右时，他搬进了这座花园式建筑，并在这里度过了人生的最后一段时光。马蒂斯去世之后，他的作品已经安静地在这个花园里展览了几十年，斑斓的色彩继续感染着这里的人们，使他们得以感受到生命的重量。

在马蒂斯的一生中，有三个地点对他产生过重要的影响：童年时期生活的勒卡多小镇、激发出野兽主义绘画灵感的科利尤尔，以及位于尼斯的这座故居。经过大半生的创作，他搁笔归隐，希望在尼斯这个如画的天堂找到安宁，却没能逃过命运的捉弄——他患上了肠癌，但他并没有因此而消沉。身体虚弱到拿不起画笔的马蒂斯转而开始研究剪纸，其画幅之大、用色之奇、风格之纯真，造就了马蒂斯的又一项辉煌成就。

几乎任何一种新的潮流出现时都会受到传统派的质疑，马蒂斯引领的野兽主义也不例外。从那些抽象、反叛而极富冲击力和震撼力的作品出现在公众的视野中，到这一风潮逐渐平息的短短三年间，野兽派年轻又具有创造力的画家们在时代的逆流之上开辟了艺术的另一种可能性。马蒂斯是其中的创始者和先锋，他用夸张的表现手法，指引许多艺术家们透过物体的自然本质，淋漓尽致地表达个人观感，在艺术领域引起了轰动。然而，马蒂斯在大放异彩的背后，也经历过持续的苦闷、探索以及不断的自我叩问。尽览其作品，不难发现，在尝试了各种风格之后，他的内心依然是小镇那个绚烂的、无忧无虑的少年。马蒂斯不仅仅是为了向传统宣战、推动艺术的变革，他更是在为自己创作。他的作品复杂而充满想象力，不仅继承了象征主义的风格，更启发了立体派、表现主

马蒂斯故居博物馆（法国尼斯）

义、超现实主义以及波普艺术等的许多艺术家的灵感。马蒂斯的学生——另一位野兽派大师卢奥因此评价他为“人人的大师,最不像教授的教授”①。

与艺术结缘的命运

几个世纪以前，法国北部的皮卡第地区还未经开发，所属的马尔岗丹尔平原也很荒凉。后来经过人们的不断建设和悉心维护，才渐渐变成了丰饶富庶、充满艺术气息的浪漫之地。广袤葱郁的森林，带有柔美曲线的起伏的山丘，以及视野开阔、景色旖旎的平原，共同造就了皮卡第世外桃源般的自然风光。法国最宏伟的哥特式教堂——亚眠大教堂就坐落在这里，博韦、拉昂、努瓦荣等地更是亲王采邑的“教堂之路”。这里众多城堡承载着变革时期的历史，人们生活富足，自得其乐。

13 世纪前后,巴黎人习惯将生活在北方地区的农民称为“piocheur”。这个词的本义是“挖地工”,后又引申出“勤劳者”“苦读的学生”的含义,“皮卡第”（Picardie）的名字正是由此衍生而来。“勤奋刻苦”的寓意潜移默化地塑造着这里的居民，培养了他们积极踏实的性格，促使许多人用自己的方式感恩并奏响美好生活的颂歌。著名的作家亚历山大·大仲马、皮埃尔·肖代洛·德拉克洛，画家莫里斯·康坦·德·拉·图尔，政治家格拉居·巴贝夫，宗教改革家约翰·加尔文，著名将军菲利普·勒克莱尔，都是在这里成长起来的；这里浓厚的人文气息也曾吸引了让·德·拉·封丹、让·拉辛、弗朗索瓦–勒内·德·夏多布里昂等名人的造访。

1869 年的最后一天，马蒂斯在皮卡第地区的勒卡多小镇降生，并在这里度过了童年时光。他的父亲是位商人，经营着粮食生意。母亲是位瓷器艺术家，除了做些瓷器艺术品，也帮忙打理家族产业。她热情、

① 华语. 马蒂斯画传[M]. 北京：华夏出版社，2010：3.

外向、时尚，并深深爱着马蒂斯。母亲的性格、品位以及对色彩的认知对马蒂斯产生了很深的影响。这个小镇当时是著名的纺织品生产中心，机器加工的纺织品源源不断地被送往世界各地。也许这些色彩鲜艳、图案丰富的纺织品正是马蒂斯绚丽的艺术风格形成的原因之一。13 岁时，马蒂斯跟随家人搬到皮卡第的博安昂韦尔芒多瓦，在那里一直成长到 18 岁。宜人的自然环境、幸福的学习时光和美满家庭的呵护使他完好地保留了对生命、对世界进行探索的兴趣和渴望。面对五彩纷呈的美好人间，他的内心正如自己后来的笔触那样积极、纯粹、热烈。

作为 20 世纪与毕加索齐名的最伟大的艺术家之一，马蒂斯将色彩彻底解放，引领了一场全球范围内的色彩革命。他鼓舞着画家们尽情释放自己的主观情感，力图抛开阻碍观察的烦冗细节，区分“精准描绘”与“真实”的概念，将“表现”提升到至高无上的地位。他在纯粹中窥探事物的本质，追求自由与欢乐的生命快感。正如马蒂斯的老师——象征主义大师奥古斯塔夫·莫罗曾经断言的那样：“亨利，你是为简化绘

法国尼斯公园入口

画而生的。”[①]马蒂斯还尝试过壁画、版画、插图等各种艺术形式，都取得了傲人的成就。

马蒂斯是一位天生的艺术家和创造家，然而这天赋在早期并没有显露出来，直到他21岁那年，在机缘巧合之下，他才了解了绘画的魅力所在。

1887年，马蒂斯离开皮卡第，前往巴黎学习法律。1888年毕业后，他在家乡附近的律师事务所找了一份办事员的工作，并为成为一名律师进行着准备。1890年，一次偶然的机会，马蒂斯才终于发现了他热爱并渴望追求的事业。

1890年的一天，马蒂斯患了盲肠炎需要住院治疗。在马蒂斯养病的日子里，外面的纷杂世界都被隔离，没有了往日的热闹，耳畔剩下的只有安宁和药物、器械碰撞的声音。母亲担心医院的生活太无聊，便找来画笔、颜料和一本绘画自学手册，让他临摹来打发时间。马蒂斯的母亲曾做过陶瓷厂的画工，她爱这些能带给人专注和舒缓的颜色，希望它们能让马蒂斯的心情愉悦起来。在临摹完母亲送的手册后，马蒂斯又开始尝试进行自己的随意创作。在这一系列过程中，他看着笔端的色彩缓缓流出，在纸上形成各种各样的图案，突然有了一种奇妙的感觉。这些色彩，在他的指挥下，按照他的意志进行排

故居博物馆侧景

① 李黎阳. 马蒂斯论艺[M]. 北京：人民美术出版社，2002：1.

列组合和搭配，描绘出的图案似乎表达出了自己的某种心迹。那种即将按捺不住的对生命呼之欲出的热情和对未知领域小心翼翼试探着表现的保守的传达方式，在他尚不能称为“画作”的画作里，形成了微妙的平衡。对他来说，绘画陪伴他度过了那一小段寂寞的时光，抚慰了他的心灵。从此，他喜欢上了在安静的地方画画的感觉，并且，对以怎样的心境如何度过此生的想法，也逐渐变得明确起来。他喜欢选取那些明亮、斑斓的颜色来进行创作。在马蒂斯看来，绘画艺术既能对人们产生镇定的作用，又有消除疲劳的功效。

在这一年，马蒂斯完成了他人生中的第一幅正式作品《有书的静物》。他爱上了这种看着一张白纸在自己手中，经过构思和涂抹，逐渐变成一件完整艺术品的愉悦感和成就感。于是他决定说服父亲支持他学习绘画。出院后，他开始在昆廷·德·拉图尔学校的素描班读夜校，并有了去巴黎继续进修的想法。幸运的是，父亲虽然为马蒂斯不愿继承家业而感到苦恼，却仍十分开明地同意了他的决定。父母的支持是帮助马蒂斯保持孩童般心灵的重要原因之一，也正因如此，他才能安心追求自己心之所向的事业。

1891 年 1 月，马蒂斯投师于朱利安学院的古典派画家布格罗门下，但他并不喜欢朱利安学院枯燥乏味的学习生活，于是在第二年转而报考巴黎艺术学院，却遭到了拒绝。然而就在这期间，马蒂斯获得了象征主义大师莫罗的欣赏。莫罗十分看重马蒂斯在色彩处理方面的天赋，请他加入自己的画室，鼓励他先从临摹做起，以感受其他画家的创作心路。在 10 岁到 18 岁期间，马蒂斯曾在公学学习拉丁文和希腊文，接受了古典主义教育的熏陶。受到这段经历的影响，在从事艺术之后，他便首先选取卢浮宫的藏画进行临摹，将自己的思维代入尚帕涅、普桑、夏尔丹等大师们的创作过程中，不断揣摩提升艺术表现力的思路和技法。

积累了一些经验之后，马蒂斯开始在巴黎街头写生，从临摹画作过渡到临摹实物。先前的艺术大师们提供的只是一种对作品的特定预设，即便在细节处理方面都已经为后来人铺平了道路，到了写生的时候他还是发现，虽然同样是将现有的事物搬到纸面上，对实物的处理要复杂得多。他意识到，想要达到较高水平象征主义绘画的要求，就要超越理智观察和写实记录，去感悟表象背后所隐含的意蕴，然后通过画家内在的浪漫想象，构造出独一无二的意象表现形式。在苦苦思索和练习的日子里，老师莫罗的一句话，成了马蒂斯找到个人风格的重要向导。

莫罗出生在建筑和音乐世家，进入巴黎美术学院之后，被浪漫主义画家夏赛里奥和德拉克洛瓦画作的想象力所折服，与他们成了一起交流心得的好朋友。后来，在罗马学习期间，莫罗对文艺复兴时期的艺术家也表现出了极大的兴趣。他以对现实人物的观察为基础，对希腊神话中传统故事的内涵重新进行解读，显现出运用绘画叙事的独特才能。经过一段时间的沉淀和学习，莫罗又借鉴了新兴的印象派的画法，开始重视颜料本身的作用。他的作品色彩也由传统的中规中矩变得活跃起来，但依然巧妙地保留了文艺复兴时期的艺术风格。1891 年，他进入巴黎美术学院任教，在这里度过了人生最后 7 年的时光。莫罗对艺术的表现方式不断创新、探索，直至形成自己的风格，他对艺术不懈追求的精神深深地鼓舞着马蒂斯。莫罗告诉马蒂斯，在艺术上，方法越简单，感觉越明显。这句话，使马蒂斯醍醐灌顶，受到了启发，在他的创作之路上种下了一颗生命力顽强的种子。马蒂斯研究着莫罗的画作，回想着莫罗此前的经历，渐渐摸索出了规律，便开始尝试着用简单而热烈的色彩和线条来拼接他所构思的形象。

当时，与马蒂斯一同在莫罗门下学习的还有马尔凯、鲁奥等人，他们都多多少少受到莫罗这种倾向的引导，形成了具有视觉冲击力的独特的艺术风格。1896 年，马蒂斯的四幅油画在法国美术联盟沙龙公开展出并获得好评，这位初露锋芒的画家从此走进了公众的视野。而真正让他名噪一时的，是 1905 年的巴黎秋季沙龙美术作品展。正是这次展览，掀起了一场色彩革命，确立了他野兽派潮流领袖人物的崇高地位。

走向野兽的色彩之路

在巴黎秋季沙龙美术作品展上，马蒂斯、鲁奥、乌拉曼克、德兰、路阿、弗里叶茨、瓦尔托等新晋画家陈列室的画作似乎与周围的环境格格不入。陈列室中央放着一尊文艺复兴风格的小型人物铜像，制作手法细致，颜色古典静谧，风格近似于15世纪雕塑家多那太罗的作品。而在铜像周围环绕的，则是画家们笔触狂野、用色大胆鲜艳、立意抽象的作品。这些作品与铜像形成了鲜明的对比，在整个展厅内都显得非常突兀。这种前所未见的风格的画作一经出现，便引起一阵喧哗。人们对此褒贬不一，有人认为这些画太过随意，简直是小孩子的无聊玩笑，拒绝承认它们是艺术品，还有人将它们形象地比喻为“一罐颜料掼在公众的面前”。当时的艺术批评家路易·沃塞尔见到这个场景，不禁惊呼道：“‘多那太罗’被野兽包围了！”后来，这句话被登载在杂志上，“野兽派”这个名字也很快流传开来，并得到了广泛的认同。一系列野兽主义画作随之进入人们的视野，如鲁奥的《镜前裸妇》(1905)、《敲鼓丑角》(1907)，夏尔的《7月14日的圣·特罗佩港》(1905)，弗拉芒克的《夏都的住宅》(1906)、《布日瓦尔的山丘》(1906)，弗里茨的《费尔南·弗勒雷像》(1907)，德朗的《两艘驳船》(1906)……这个流派的艺术家抛弃了先前绘画对空间感和透视感的追求，将色彩视为作品的全部意义；他们拒绝刻意地模仿自然，而是运用大

故居博物馆门厅

胆的想象解构传统的艺术样式，借鉴后印象主义对色彩的使用技法，追求更加主观的表达。这些艺术理念的共性使他们逐渐成为现代美术史上一个重要的画派。

马蒂斯早期的作品风格并没有野兽派那般豪放、鲜艳，而是色调深暗，对比度低，用色柔和，透露出阴郁的气质。事实上，无论是在早期，还是野兽派蜚声海内外的那段时间，或是身体虚弱的晚年，他的作品都是心绪的外现。马蒂斯在患盲肠炎卧床期间的第一幅作品尚属于欧洲写实主义的传统主流风格，之后，在刚开始学习绘画的时候，他尝试描摹夏尔丹的静物作品《鳐鱼》。那是一幅淡雅而稍显怪异的画：凌乱的厨房一角，花瓶、餐刀、调料罐、桌布随意摆放着；在画面中央，铁链上悬挂着一条被处理过的风干的鳐鱼，以菱形的构图占据了整幅画五分之一的面积；桌上还有几个牡蛎和一条小鱼，吸引了馋嘴的小花猫跳上桌子；面对美味的食物，猫咪并没有马上吃掉，而是弓起身子，全身的毛都竖了起来，尾巴高竖，耳朵向后放平，肢体呈现出不合常理的防御姿态。整个画面非常写实，同时又散发着一种奇妙的吸引力。

夏尔丹选取的是他所惯用的厨房题材，力求在平凡的器物身上显现出静物的生命感。他一层层铺设厚厚的颜料，追求真实却不逼真的效果，从而还原出在特定光线条件下物体的真实色彩。有评论家说，有了夏尔丹，静物才有了生命。人们赞赏夏尔丹运用颜色的高超技术，他自己却一句话否定："颜色固然得用，但绘画要用感情。"他反复地使用同一个构图或场景作为描画的对象，画出来的每一幅都有不同的感觉。这些相似的画的内容并非简单的重复，而是夏尔丹经过反复推敲，还原不同光线下事物不同的外观特征，赋予它们生命力的形式。夏尔丹的画在用色和调色上相对较难把握，也正是这个原因，别人在临摹夏尔丹的作品时要达到高还原度与质感并存的效果并非易事。马蒂斯不断感受夏尔丹使用色彩的方式，体会他创作时的思考过程，单单是临摹这一幅作品，马蒂斯前后就花了整整 6 年时间才完成。

《读书的女人》

1895年，马蒂斯完成了室内油画《读书的女人》。油画采用了大面积雅致的绿色与棕色相呼应，不管是台灯、摆件、木板、画框、椅子，还是主人公裙子的颜色，都鲜明地将画面分成了色相不同的两部分，中间用稍亮一点的红棕色储物柜作为过渡。坐在椅子上读书的女人面对着墙壁，呈现出静谧和谐的画面，整体色调也偏暗。这幅画用学院派手法创作而成，被当时的政府收购，马蒂斯也因此被选为国际艺术协会沙龙的预选会员。国际艺术协会沙龙是法国最具影响力的艺术展之一，从19世纪下半叶开始，每年都会邀请来自世界各地的艺术家参展，是艺术界的一大盛事。成为国际艺术协会沙龙的会员意味着马蒂斯即将在世界范围内的美术界占据一席之地。

虽然收获了许多关注和荣誉，马蒂斯的心里却始终存在着困惑。不管是他最开始的描摹，还是后来的尝试性自创，都是在运用传统的画法，将老师传授的理论技巧学以致用。在清一色的阴郁色调里，他反复描绘着固定的题材，采用固定的画风、固定的表现手段，即便试图在古典主义的技法中寻找突破，也始终囿于其审美习惯。成为已经流行了几百年的传统画法的大师，这样真的就是自己能达到的最高水准吗？也真的就是自己希望取得的最高成就吗？后来马蒂斯坦言，在巴黎学习的那段日子，如同在漆黑一片的森林中趑趄前行，虽然坚定地以绘画作为毕生追求的事业，然而面对如此浩繁丰富的艺术理论和艺术遗产，他还是找不到真正想画的东西是什么。

在马蒂斯深陷创作瓶颈的同时，发生在法国的另一场艺术界革命也在悄无声息地开展着。当时离莫奈创作出《日出·印象》并将印象主义推上舆论浪尖已经过去了 30 年。由于印象派反对陈旧的古典画法和矫揉造作的浪漫主义，抛弃了细致描画实物的成规，因而其作品一经推出便遭到了学院派的攻击。但印象派画家在舆论的不断质疑声中坚持自我，并通过展览扩大其影响力，最终引起了世界范围内绘画观念的变革。印象派的作品中闪耀着充满创造力和活力的积极色彩，虽然受到学院派的打压，也依然势不可挡地掀起了反叛与创新的潮流。马蒂斯对色彩的追求，实际上与其是不谋而合的。

到了 19 世纪末，许多受印象派影响的画家已经不满足于片面追求纯粹景物的光色变化，出现了一些提倡抒发主观感情的声音。他们在主题方面不单纯追求对外部光线的表现，而是在选取生活中物象的基础上，忠于艺术家的真情实感和对生活的体验，最终描摹出异于物象本体的、具有主观倾向的内容；在手法方面，更加强调画面中事物的构成关系，对对象加以艺术化的处理和改造。这种潮流被称作“后印象主义”，凡·高就是代表人物之一。1896 年到 1897 年，马蒂斯拜访了一位澳大利亚籍的画家朋友约翰·彼得·罗素。罗素向他讲述了自己关于色彩理论的看法，并向他介绍了好朋友凡·高的作品。当时凡·高已经去世，他的作品还寂寂无闻，然而马蒂斯一看到他的画，就被深深吸引了。凡·高对色彩的大胆运用使他受到了启发和鼓舞，也使他突然找到了未来想要探索的方向。从此，马蒂斯的画风开始突变，才有了后来的成名作《舞蹈》，以及此后一系列的野兽派画作，而罗素也被马蒂斯称作是他“色彩理论的导师”。

也正是在 1897 年，马蒂斯收获了爱情。他在一场婚宴上结识了一名叫艾米利亚的年轻女子，两人的感情迅速发酵，认识三个月之后，便步入了婚姻的殿堂。在伦敦度蜜月期间，马蒂斯得到另一位印象派大师毕沙罗的点拨，学习了透纳的风景画中对光线和色彩关系的处理方法。于是在归途中，他又特地在地中海的科西嘉海岸和图卢兹小住了几天，并完成了画作《科西嘉的日落》。透纳本人对这幅画做了如下评价："黄色的太阳从绿色的天空中射出绚烂的光芒，与赭红的土地相对应，给人以强烈的视觉冲击。"①

19 世纪 90 年代末，马蒂斯又拜读了法国新印象主义点彩派画家保罗·西涅克的著作《从欧仁·德拉克洛瓦到新印象主义》，对纯色的运用大体有了思路，但依然没能找到突破口。1902 年和 1903 年，他感到作画愈发困难。这两年期间的作品《傍晚圣母院一瞥》和《卡莫利纳》，都透露出一种忧郁的风格。1904 年，马蒂斯从波德莱尔的诗《西苔岛之游》中寻找到了灵感，根据点彩派的画法，创作了《豪华、宁静、欢乐》。这时，他对于自己处理线与色关系的手法依然不满意，觉得线条太过突兀、僵硬，没有将生活的愉悦感完全体现出来。于是他又重新构思，两年后完成作品《生活的欢乐》。这一新作已经明显带有后印象主义画家高更的主题与风格元素：平涂的色彩被弯弯曲曲的阿拉伯式线条分隔开，线与色呈现出柔和的和谐状态。《生活的欢乐》源自马蒂斯 1905 年在科利尤尔渔村的生活，描绘了一个无忧无虑的神秘乐园。

马蒂斯画风的转折点就在 1905 年，在那个让他一跃成名的巴黎秋季沙龙举办当年的夏天。他与好友安德烈·德雷恩在法国南部地中海沿岸的科利尤尔

经典的门窗

① 杨超．反传统的艺术革命[M]．西安：陕西人民美术出版社，2011：13.

避暑，看到身边到处都充满明媚的色彩，他灵感迸发，开始尝试新的绘画手法，并完成了画作《科利尤尔的屋顶》《打开的窗户》和《戴帽子的妇人》。《科利尤尔的屋顶》选取了俯瞰景构图，远山、教堂、砖瓦等所有东西的色彩都不忠于原物，而是大量采用了高饱和度的粉色系和蓝色系，使整幅画面显得非常清透。《打开的窗户》取景于马蒂斯租下的小屋，画面依旧以高饱和度的粉色和绿色展现。在这幅画中，他舍去了大量细节，在画布上随意涂抹，寥寥数笔就交代完所有的景色。从狭窄的窗户向外看去，局部的小镇美景别有一番韵味。《戴帽子的妇人》以马蒂斯的夫人艾米利亚为原型。在这幅画作中，马蒂斯独创了一种前所未有的肖像画手法：颜色更加凌乱地铺陈在画布上，所有的轮廓都用粗放的朱红色、湖绿色和宝蓝色涂抹而成，几乎不加任何细节的修饰，人物面部也涂满了红、绿、黄等不协调的色彩，极具冲击力。这几幅画一经展出，便引起了巨大的轰动。

马蒂斯在巴黎秋季沙龙展出的五幅画作中，有两幅被当时的政府买下。1906 年，一位富可敌国的俄国工业家谢尔盖·伊凡诺维奇·希楚金慧眼识珠，从马蒂斯的画中看到了拒绝模仿世界、强调表现艺术家内心的前沿艺术精神，首次购买了他的作品，此后便深深痴迷于马蒂斯的画作，并成为他的赞助商。后来，他的住所里收藏的几乎全都是野兽主义、立体主义和后印象主义的作品。今天，许多人都说，希楚金是 20 世纪最成功的画作收藏家。他用超前的眼光和对艺术的狂热，收集着这些背离传统的前卫画家的作品，悄无声息地影响着俄国，甚至整个世界的现代艺术发展，以至有人称他为“现代艺术史的缔造者”。

马蒂斯最杰出的两件作品——大型装饰画《舞蹈》和《音乐》便是为希楚金而作。这两幅画的灵感来源于《生活的欢乐》中的几个人物，画作只用了三种基本的颜色，色块和线条充满流动性，古朴的色调中不乏原始的生命力量。这两幅画是马蒂斯艺术成熟期的代表作，无论是描绘五位裸体男性的《音乐》，还是刻画手拉手跳舞的五位裸体女性的《舞蹈》，都彰显出和谐的生存之乐。

野兽主义一出现就进入了发展的高峰期，然而只存在了短短三四年，便逐渐淡出公众的视野。曾经的野兽派画家们在潮流消退后，开始转向其他的风格。对于马蒂斯而言，野兽主义的创作也同样只是一个短暂的时期，是他探索自己独特画风的一个试验性的阶段。在这个阶段里，他可以不受任何束缚，自由地表现情感。在此之后，他的风格才渐渐确立。

艺术风格的流变

从野兽派浪潮平息的 1908 年，一直到 1943 年前后，是马蒂斯个人风格的逐渐稳定期。在这一时期，他依然会选用明亮而热烈的颜色作画，但已经不再是颜料的肆意涂抹和过于简单的表现方式，而是加入了更多细节。同时，他又进行着不同流派风格的尝试，因此这一时期的大部分作品，尤其是女性肖像画，采用色调偏于淡雅的灰色系，给人以宁静、舒适的感觉。借着个人展览的机会，他在欧洲和北非各地游览，寻找合适的入画题材，使得这期间的一些作品充满独特的异域风情。例如，1908 年创作的《红色的和谐》中，他用大红色和绿色作为主体，加入无所不在的藤蔓元素来进行空间的分割，让人不由得想到神秘西域的装饰图案。同一时期，对西班牙和摩洛哥的访问也给了他启发，《德希姆的静物的变体画》《摩洛哥人》《钢琴课》已经反映出马蒂斯在立体主义领域的探索。经过改造，他的画避开了立体主义支离破碎的空间感，尽量将主体呈现为一个完整的轮廓性结构，在平面的手法中表现对象的空间感。20 世纪初，为了更好地辅助绘画，马蒂斯又尝试着学习雕塑，创作了 70 余件雕塑作品，通过用黏土捏出的不同造型来观察人体结构。对此，他解释道：“这样做是为了构成，为使我的感觉条理化，发现适合于我的风格。当我在雕塑中发现它时，它在绘画上便帮助了我。”①

① 雅昌艺术网专稿．野兽派创始人马蒂斯逝世57周年纪念．[EB/OL]．(2011-11-02)[2018-8-11]．https://news.artron.net/20111102/n199303_2.html.

《金鱼》

1938 年夏天，由于原住所的租约到期，马蒂斯决定移居到法国南部的尼斯居住。不幸的是，40 余年的婚姻生活到了那时已难以维系，在尼斯的画室里，他找到了久违的安宁，并在 1939 年 7 月见了夫人艾米利亚最后一面，讨论离婚的事宜。一切都结束后，造成他们二人感情破裂而被解雇的助手莉迪亚·迪莱托斯卡娅重新回到马蒂斯身边，并一直陪伴着他，充当他工作助手的角色，帮助他处理家庭事务，直至他 1954 年逝世。

在尼斯居住的日子里，马蒂斯画的更多是室内的女性和静物，他通常运用柔美的曲线，更加注重表现繁复的细节，使画面显现出活泼的风格。在这一时期，他不再一味地使用明亮的纯色，而是在颜料中加入白色，使画面在轻松中不乏端庄，如 1940 年的《有伊特鲁里亚花瓶的房间》。他偶尔也会使用一些暗色，如 1939 年的《雏菊》和《音乐》、1940 年的《静物·贝壳》、1943 年的《黑色背景下的郁金香和牡蛎》。这些作品无不体现出西方现代艺术大气的美感。马蒂斯晚年的这些作品，标志着他的艺术水平达到了高峰，使他被艺术界一致推举为 20 世纪最负盛名的美术家之一。

马蒂斯的作品很早便糅合了东方艺术的色彩。前文提到的《红色的和谐》，以平面化的处理方式展现室内空间，将眼前的景象转化为具有规律性的装饰图案，使人物与背景相得益彰，共同组合成一个不可分割的整体，无论是构图、选色，还是对植物形象的细致化处理，都会让人联想到印度的宗教画或日本的浮世绘。这种引导人们进行原始精神解放的方式与东方美术的教化初衷似乎是有某种共通性的。1912 年的前四个月，马蒂斯在摩洛哥的风土人情中寻找灵感，那段经历也直接吸引着他在绘画中加入阿拉伯元素。他发现当地人常常会花很长的时间对着鱼缸里的金鱼冥想，这一幕在 1913 年的画作《阿拉伯咖啡馆》中便有所展现。马蒂斯认为，这种冥想的生活状态与他的绘画理念"均衡、纯粹、清澈"有异曲同工之妙,因此金鱼对于马蒂斯来说成为一个独特的意象，他开始有意无意地让金鱼出现在他的作品里。1912 年和 1914 年，马蒂斯为工作室画的三幅画里，都有作为聚焦点的金鱼出现。最著名的还要数 1912 年的《金鱼》。画中运用了大红与大绿的对比色,鲜明却不突兀，视觉冲击感强烈又和谐统一。扁平化的构图消除了远近的空间距离，颇有中国民间风俗画的韵味。

马蒂斯艺术与东方色彩的渊源，最早还要从改变他一生的导师——莫罗说起。在研习文艺复兴时期的美术期间，有两位艺术家引起了莫罗的注意：波提切利和安吉利科。波提切利是意大利肖像画的先驱者，他的作品以精雕细琢、富丽堂皇著称，尤其是对人物服饰纹理和头发的描绘，更是追求真实和精致；安吉利科是一名修道士，他在修道院禅房中留下的宗教壁画风格清新典雅，色彩柔美，呈现出神圣静谧的气质。莫罗借鉴了二者的特点，将绚丽的色彩、明确的线条、平面的布局有机结合起来，此外他还借鉴了东方式幻境的元素，使作品呈现出浓厚的异域情调。莫罗将这种理念传授给包括马蒂斯在内的学生们,在马蒂斯的《生活的欢乐》《塞维尔的沉寂生活》《摩尔的地板》《躺在地上的裸女》等作品中，都可看出这种影响。

伴随生命起舞的彩色纸片

住在尼斯的那段时间，马蒂斯被诊断出患有肠癌。1941年，古稀之年的他接受了手术治疗，但由于年事已高，身体的康复能力弱，险些丢掉性命。在他50年的绘画生涯中，马蒂斯对于艺术的热情丝毫未减，以至于手术后得知自己无法再拿起画笔时，他向医生苦苦哀求道："再给我3到4年的时间去创作吧！"

作为一个热爱生命的艺术家，马蒂斯几乎一刻也不想停止思考，他的脑海中充满了对生活各种各样的认知和表现方式，只要还活在这个世界上，他的创作就不会停歇，而疾病无疑是对他最致命的打击。他曾一度陷入绝望和痛苦，放下画笔，便不知如何面对未来。几番挣扎过后，他决定与莉迪亚一起移居到圣保罗岛。

马蒂斯一生有三段感情，第一位女朋友模特卡罗琳为他生下女儿玛格丽特。马蒂斯非常爱玛格丽特，他将对她的爱和热情毫无保留地倾注在画作中。马蒂斯的许多画都是以玛格丽特为原型的，可以说她是他一生的事业支柱。与艾米利亚的婚姻持续了42年。在马蒂斯开始独居生活之后，曾经的助手莉迪亚回到他身边，为他打理一切事务。对他来说，莉迪亚是他生命最黑暗时期的光芒。同时他心中还有对艺术的热忱在，有了艺术，生命就有了继续存在的意义。

马蒂斯卧榻期间，有客人拜访他时惊奇地发现，卧室里从天花板到墙壁全都布满了彩色的剪纸，有的悬挂在空中，有的钉在墙上，有的贴在画布上，整个房间又重新被鲜明艳丽的色彩包围了。虽然身体上的各种病痛使马蒂斯无法再拿起画笔，可他又用这种最浪漫的孩童般的方式，诉说着对生命深沉的热爱。

《坠落的伊卡洛斯》是马蒂斯最著名的剪纸作品之一。故事来源于一则希腊神话，伊卡洛斯在飞向太阳的过程中，翅膀被融化，最终跌进海里，失去生命。马蒂斯用纯蓝色的背景代表天空，黄色代表灼热的日光，黑色代表追寻太阳的人。简单的几个色块，却勾勒出火热的生命力。或许马蒂斯就是那个追寻太阳的人，他宁愿忘情地燃烧在艺术的火光里，也不愿无所作为，望洋兴叹。

《小鹦鹉与美人鱼》的面积达到了 26 平方米，是马蒂斯 83 岁时的大型作品。他说："我曾用彩色纸做了一只小鹦鹉，就这样，我也变成了小鹦鹉。我在作品中找到了自己。中国人说要与树木齐长，我认为再也没有比这句话更真确的了。"①

《常春藤与花》作于马蒂斯 84 岁时。在这幅画中，明媚的色彩焕发着勃勃生机，呈现出一片欣欣向荣之景。或许在马蒂斯的心中自己从来没有老去，春天的花朵始终在他的生命里，大朵大朵地盛开着。

《蜗牛》长和宽都接近 3 米，由方形的色块拼接而成，充满稚趣。童年在纺织小镇的生活经历使马蒂斯拥有了一双可以灵活操控剪刀的手，那一块块梦幻而迷人的彩色编织物，多年以后仿佛依然在乡间某个清晨飘扬着。2014 年，伦敦的泰特美术馆举办了"马蒂斯的剪纸艺术"作品展，人流量高达 56 万，是该美术馆迄今为止最成功的展览纪录。展览现场放映了一段关于马蒂斯一生艺术成就的纪录片，画面上，马蒂

故居博物馆外景

① 蒋长虹．色彩的叛逆：野兽派［M］．天津：天津科学技术出版社，2011：159-160．

斯的剪刀技法令人眼花缭乱：蓝色纸板在他的裁缝剪中熟练地上下翻飞，剪纸的他从孩提时代跨至耄耋之年，仿佛是一次生命的轮回。

评论家萨义德将马蒂斯的剪纸阶段视为马蒂斯一生中最具成就的阶段。人生最后的一段时间往往会使艺术家发现非尘世的宁静。马蒂斯的剪纸作品继承了他青年时期最张扬简练的绘画风格，最大限度地发挥了纯色的艺术表现力。这些作品虽然创作于晚年，却无不体现了最单纯的明朗稚气，洋溢着旺盛的想象力和生命力，成为十分宝贵的艺术遗产。马蒂斯的一生都在求索中度过，然而始终不变的是他对传统桎梏进行反叛的信念，以及对色彩的更高意义的追求。或许勒卡多小镇和皮卡第自始至终都是他的心灵栖所，是那些地方塑造了他的内心，在他反复的迷茫探索过程中冥冥指引着他，促使着他将伴随整个童年的彩色回忆“讲给”全世界的人们听；而在尼斯的生活给了他足够的安宁和美的享受，他才得以回归到那个单纯快乐的伊甸园。

无论是野兽主义绘画还是剪纸，马蒂斯艺术生涯的顶峰期都是在为自己创作。他对事业热爱而坚定：热爱着艺术带给他的激情与平静，坚定着终生投身于此的信念。他不盲目执着，不受主流的支配，重新划定艺术的边界。马蒂斯运用线条和色彩的方式在当代简约艺术和广告设计中都有迹可循，可见一斑，就连著名动漫形象米菲兔的作者迪克·布鲁纳都曾在作品中向他致敬。马蒂斯的影响不止于此。一方面，他对艺术潮流有相当前卫的预见性，或者说，他本身就是潮流；另一方面，他打破陈规，解放色彩，将个人理念发展为广泛审美，鼓舞着许多画家找到并坚持自己的风格，在当代社会略显浮躁的物欲背景下，也时刻在提醒人们不要为物欲放弃重新审视自我价值。

（撰稿：李金彦）

参考文献

《中国大百科全书》总编辑委员会. 中国大百科全书·美术卷 [M]. 北京：中国大百科全书出版社，2003.

董诗兵. 安静的野兽 [M]. 长春：时代文艺出版社，2010.

华语. 马蒂斯画传 [M]. 北京：华夏出版社，2010.

蒋长虹. 色彩的叛逆：野兽派 [M]. 天津：天津科学技术出版社，2011.

李黎阳. 马蒂斯论艺 [M]. 北京：人民美术出版社，2002.

马蒂斯. 画家笔记——马蒂斯论创作 [M]. 钱琮平，译. 桂林：广西师范大学出版社，2002.

马立新. 马蒂斯的剪纸艺术及其当代启示 [EB/OL]. （2015–7）[2018–8]. http://www.wenwuchina.com/a/232/274093.html.

苗露. 浅析野兽派马蒂斯绘画中的色彩特点 [D]. 大连：辽宁师范大学，2014. 3.

雅昌艺术网专稿. 野兽派创始人马蒂斯逝世 57 周年纪念. [EB/OL]. （2011–11–2）[2018–8–11]. https://news.artron.net/20111102/n199303_2.html.

杨超. 反传统的艺术革命 [M]. 西安：陕西人民美术出版社，2011.

朱伯雄. 世界经典美术鉴赏辞典 [M]. 北京：中国青年出版社，2001.

毕加索

安提贝，位于法国南部蔚蓝海岸，是一座拥有 2000 多年历史的古城。这里远离尘嚣，古迹众多，街道古朴，一直为许多艺术家所喜爱。英国小说家格雷厄姆·格林曾这样描述：“在所有的海岸城镇当中，安提贝是唯一一个保留着自我灵魂的小镇，只有在这里才让我产生归家的感觉。”

这里，是“人类艺术史上罕见的天才”——巴勃罗·毕加索的家，他曾在这里生活多年。今天，我们仍然能在安提贝城内始建于 14 世纪的格里马尔迪城堡里，欣赏到毕加索的作品，走近毕加索多彩的灵魂。

1946 年，往来于巴黎与法国南部的毕加索和情人弗兰丝娃·姬洛来到古城安提贝。当时格里马尔迪城堡已被改造成博物馆。这年 7 月，机缘巧合下，毕加索得到博物馆二楼的一个房间作为画室，开始自由创作，度过了一段快乐的创作时光。此时，第二次世界大战刚刚结束，和平回归，毕加索被小镇古朴悠久的氛围所感染，重新发掘节日、舞蹈等欢乐主题。同时，他也享受着家庭生活带来的祥和欢欣。他与姬洛的儿女先后出生了，这极大地丰富了他的创作题材。在这间画室，他的创作充满了自然主义的灵感，充溢着平和安静的气氛，并且创作形式多样，如版画、油画、瓷器、素描等等，展现了艺术家毕加索的多才多艺及旺盛的创造力与好奇心。

作为对博物馆提供画室的回报，毕加索捐赠出自己在这期间的所有画作，包括 23 幅油画和 44 幅素描。毕加索捐赠这些画作只有一个附加条件，那就是所有画作必须永远留在安提贝。毕加索自己曾说：“如果你想看毕加索在安提贝的画，那么你就要去安提贝看。”这些作品包括《生之欢乐》《山羊》《安第玻利斯系列》等。

1966 年，格里马尔迪城堡正式成为毕加索博物馆。毕加索第二任妻子去世后，他的后人又捐赠了一些毕加索作品，现在这座博物馆共收藏了 245 件毕加索作品，成了安提贝的著名景点。

毕加索一生创作风格几经变化，正如蒋勋先生所言，毕加索不断超越时间的生长是为了配合他的创作。同时他的住所也在不停地变换。毕加索故居众多，从马拉加到巴塞罗那，再到巴黎、戛纳、普罗旺斯，最后 13 年终于锁定在了穆然。每一处故居，都曾生活着一个独特的毕加索。而我们开篇拜访的这座毕加索博物馆，浓缩了毕加索在安提贝生活的精华，使我们得以对那个多变探索、跨越国界、跨越艺术门类的，一直在超越的艺术大师窥见一斑。

青年毕加索的成长

1881 年 10 月 25 日 23 点 15 分，巴勃罗·毕加索出生于西班牙南部的马拉加市。他的父亲何塞·路易斯·布拉斯科是个热爱艺术的西班牙人，而母亲玛丽亚·毕加索是充满热情与活力的犹太裔意大利人。受到身为美术教师的父亲影响，毕加索在幼年就展现出了惊人的绘画天赋。毕加索来到人世开口说的第一个词就是“铅笔”。19 世纪末，西班牙社会处于衰落动荡之中，绘画成为少年毕加索在乱世中的精神寄托。在父亲的引导下，毕加索对西班牙引以为傲的现实主义绘画传统有了深刻认识，并开始接触现代主义绘画。1889年，毕加索完成了第一件油画作品《斗牛士》。

1895年，毕加索跟随家人搬至巴塞罗那，并且进入巴塞罗那美术学院读书。这个时候的毕加索就已经确立了将绘画作为终身职业的理想。毕加索开始慢慢拥有了自己的风格，学校的教学很快就无法提供足以让他施展画技的空间了。在巴塞罗那的几年里，毕加索创作了《第一次圣餐》(1896)和《科学与仁慈》(1897)，并分别于巴塞罗那全市美术展与马德里美术展参展获奖。尤其是《科学与仁慈》，不仅从某一角度体现了当代的时代精神——科学所代表的客观规律和慈善（宗教）所代表的主观情感交融，而且也是毕加索的艺术被社会认可的重要标志。

1897年秋，毕加索移居马德里，进入圣费尔南多皇家美术学院继续深造。在校期间毕加索很少去上课，他更喜欢去学校的画室和马德里普拉多美术馆，从正在被描绘的画布和名作中吸取营养。时年16岁的毕加索渐渐感到这个社会，尤其是美术界的风气与他的理想追求相去甚远。毕加索向往的并不是单纯地追求名利，而是希望全心全意地投身到艺术之中，回到艺术本身。在这段时间里，毕加索在绘画练习中，尽可能地变换各种画风和技巧以反映多种题材。

1898年，历时3个月的美西战争以西班牙战败而告终。毕加索在这年4月得了猩红热，从马德里回到巴塞罗那疗养。后来，朋友邀请毕加索到塔拉戈纳县的奥尔塔继续休养。在8个月的乡居生活中，毕加索不仅尽情领略了西班牙淳朴浓郁的民间风情和大好风光，而且还增强了对自由创作的向往，坚定了将艺术创作与劳动大众的现实生活结合起来的决心。此次乡居生活的结果是毕加索创作了《阿拉贡人的风俗》，赢得了金质奖章。

1899年，毕加索回到巴塞罗那，经常与聚集在这里的现代派青年艺术家们在“四只猫小酒馆”讨论艺术。18岁的毕加索虽然常常沉默，但一旦开口，就很吸引人，言谈之间机锋不断。自信的毕加索开始创立自己的审美学，他最突出的特点——异常勤奋，也在这个时候显露出来。

毕加索故居博物馆（法国安提贝）

他以爆发般的热情从事写生，不挑时间地点。1900 年，在朋友们的鼓励下，毕加索在“四只猫小酒馆”举办了第一次画展。时人对此画展反应平平，但今天看来，这些画作显示了毕加索艺术创作的多方尝试。毕加索纵横在过去、现在与未来之间，上下求索，寻求自己的创作之路。此时西班牙时局动荡，文化氛围又传统保守，这一切都让创作欲望涌动的毕加索难以忍受，想找机会离开这里。机会来了。1900 年 10 月，因《科学与仁慈》要在巴黎万国博览会西班牙展厅展出，毕加索和朋友卡萨吉马斯一起来到了当时欧洲的艺术中心——巴黎，这也意味着毕加索开启了艺术道路的新征程。一般研究者倾向于根据毕加索的创作风格将其从到达巴黎直到离世分为八个时期[①]，这八个时期实际上并非全然割裂，不同的风格总是互相启发、渗透、呼应，似乎在一步步引诱毕加索

① 一般研究者将毕加索的创作分为八个时期，包括蓝色时期（1901-1904）、玫瑰时期（1904-1906）、古典主义时期（1906-1910）、立体主义时期（1910-1915）、新古典主义时期（1915-1925）、超现实主义时期（1925-1935）、表现主义时期（1935-1946）和田园时期（1946-1973）。

进入新的创作天地。青年毕加索的成长之路已经给我们展现出了一个不断探索的毕加索，这也使得我们今天能拥有这个“永远年轻的”艺术大师。

多彩变幻的毕加索（1901—1906）

一般研究者将1901年到1904年定义为毕加索绘画的“蓝色时期”，将1904年到1906年定义为“玫瑰时期”。这两个时期毕加索的画作有明显的主色调，并从忧郁沉重的蓝色变为温暖轻快的玫瑰色。而1906年到1907年间，其画作色彩逐渐隐去，形体逐渐突出，进而发酵为新艺术时代酝酿期的古典主义风格。这些见证了一个伟大艺术家诞生的多彩变幻之旅。

初到巴黎的毕加索，对这个自由与浪漫的艺术之都充满了好奇与激动之情。与犹太裔法国青年诗人马克斯·雅各布相识之后，毕加索又开始接触巴黎蒙马特高地人们的贫苦生活。他看到了光鲜亮丽的城市面纱之下，是民生的凋敝，是底层贫苦百姓的绝望。在这一时期，毕加索开始用后来经常出现的悲观主义来思考人生。但是对毕加索影响最大的或许是1901年2月挚友卡萨吉马斯的殉情自杀。挚友死后，毕加索在很长一段时间里都处于低落的情绪之中。他绘制了《卡萨吉马斯的葬礼》

博物馆外景

（后改为《招魂》），主题暗淡、情感抑郁，相应地，画面以阴郁的蓝色为主调。毕加索就从这里开始了他的“蓝色时期”。此时毕加索一方面接受国际画坛各种思潮的洗礼，一方面又与它们保持距离，从现实生活中寻找灵感，保持对绘画艺术的纯粹追求。他十分欣赏瑞士画家史太因林和法国画家土鲁斯·劳特累克的作品，两者描述了法国上层社会荒淫的生活和底层人民的水深火热。劳特累克的作品以简洁的线条、鲜明的色调，描绘巴黎下层社会的日常生活，毕加索这时的创作也通过沉重、强烈而流动的线条，将人物图样、背景简化，呈现出不真实、虚幻的感觉，如《熨烫衣服的女人》等作品。这种富于表现力的线条成为他后来大多数作品的一个鲜明特点。“蓝色时期”的作品中，毕加索更多反映舞女、工人、小丑及其他穷人的生活，多用蓝色和其他暗色来绘画，以《自画像》（1901）和《丑角之家》（1901）为例，画中人物多数是无表情的、僵直的、虚弱的、瘦小而干枯的。

1904 年 4 月，毕加索在巴黎定居下来。他在蒙马特的拉维南街 13 号找到了一间简陋的画室。这幢被马克斯·雅各布称为“洗衣舫公寓”的地方是巴黎的贫穷艺术家（画家、雕塑家、诗人和作家）聚居的地方。毕加索的好友们都在这里有房间和工作室。定居生活及与朋友的交流，给画家的生活带来些许改变，冲淡了“蓝色时期”阴郁的色彩，直到“缪斯”奥利维叶的出现，粉红色彻底取代了蓝色，“玫瑰时期”到来了。

在“洗衣舫公寓”，毕加索认识了费尔南德·奥利维叶——他在巴黎的第一个模特，也是他未来的爱人。奥利维叶的出现，让毕加索在满目是人民困苦的忧郁世界中找到了鲜活的生命与色彩。虽然二人生活稍显窘迫，但是感情却越来越浓厚。爱情的甜蜜滋润了毕加索，从 1905 年的作品《演员》《踩球少女》《拿烟斗的男孩》《杂技演员一家》《坐着的裸女》等画作中可以看出，毕加索的创作从充满忧郁悲哀的气氛中解脱出来，变得开朗起来。这一时期，毕加索作品的题材有所变化，表现手法也有所不同。空洞抽象、沉重抑郁的蓝色被暖洋洋、娇滴滴的玫瑰色所取代；瘦小干枯的人物逐渐消失，取而代之的是富有青春美、魁梧的人；幽雅单调的线条取代了以前沉重扭曲的形态，轻快的色彩赋予了形象精炼、简洁而强烈的特征。然而，这种玫瑰色并没有持续多久，随着他与奥利维叶关系的恶化，1905年下半年，“玫瑰时期”也宣告结束。但是，“玫瑰”虽然凋谢，毕加索早期创作的多方探索却开始发酵，一个新的艺术时代就要诞生了。新的创作风暴来临之前，毕加索经历了一个过渡酝酿期，这就是“古典主义时期”。

1906年秋天，毕加索与马蒂斯在斯坦因兄妹的家中相识。两人互相欣赏，彼此意识到对方是极其重要的行家。彼时正是野兽派在法国画坛蓬勃发展的鼎盛时期。马蒂斯从一个贫困潦倒的新艺术探索者一跃进入富有的成功画家行列。受马蒂斯影响，毕加索对非洲黑人雕塑、科特迪瓦平面面具以及卢浮宫展出的古伊比利亚雕塑产生了浓厚兴趣。他对于表现对象的结构与形状有了独特的灵感和想法，开始追求古典式的和谐。1906年底到1907年间，毕加索笔下的人物如《斯坦因画像》一般，逐渐变得臃肿，像大圆木一样，沉重地压在地上。《土耳其装束的夫人》《立着的裸女》等作品，已经明显摆脱了之前的画风，反映出毕加索创作方法上的重要变革：形体越来越接近几何图形，色彩在画中不占据重要地位，不关心细节，人物造型也带有某种几何形的棱角，装饰性的意味越来越浓。这些都展示了雕塑一般的粗大造型。

故居博物馆院内景观

但是，毕加索又与同样受塞尚影响（画家作品中既要表现对象的客观造型与色彩，又要表达作者主观的感受和体验）的马蒂斯有所不同，毕加索更关心造型问题，认为物体的形式比色彩更重要。毕加索徘徊在早期风格和立体主义风格之间，进行着独立而艰难的探索。这段时间正是毕加索综合多种因素，酝酿思考新的追求的关键期。1906 年到 1907 年这段时间，对毕加索来说可称得上是酝酿爆发的一个时期。在众多影响因素的干扰下，他能另辟蹊径，抓住原始艺术对造型的精妙表现，这标志着他向更加纯粹的立体主义又前进了一步。

立体主义的毕加索（1907—1916）

1907 年，毕加索在阿波利奈尔的介绍下认识了画家布拉克。布拉克同毕加索一样，都在绘画过程中不断审问自己、探寻造型的意义，探索着那个时代艺术的出路。两人一拍即合，很快就成了亲密的朋友。与布拉克相识后，毕加索相信时机已经成熟，决定创作出一幅具有划时代意义的鸿篇巨作，这就是《亚威农少女》。事实证明，毕加索的确做到了。这幅画成为 20 世纪现代艺术发展史上的里程碑之一。

《亚威农少女》从构思到完成，一共用了 4 个多月的时间。其间，毕加索抛弃了 17 张草图，抛弃了情感与表情，抛弃了传统画法中的明暗和透视等手法，抛弃了写实的意味。《亚威农少女》的人物形象突破了二维平面的限制，在一面画布上人们似乎可以绕着她从各个角度慢慢品味。在表达丰富想象的同时，画中对象的内在结构也被深刻而简洁地表达出来。毕加索开始以几何形的“量”来绘画。他在绘画艺术中的革命性表现，第一次被冠以“立体主义”这个词。当立体主义的浪潮在欧洲画坛乃至整个艺术界掀起之时，作为创立者、发起者的毕加索仍然保持着清醒的头脑，仍然保持着对绘画创作的不懈探究。

1907 年至 1909 年，毕加索在创作中继续把立体主义的创作方法完善化、体系化，使立体主义方法有了新突破，于是产生了“分析立体主义”。毕加索认为美不应简单地归结为常人所说的那种肉体美，而是隐藏于结构深处的形式。绘画对象的结构已被明显地加以分析：将自然分解成独立的一个个小立方体，在平面的画布上只是分解后的物象碎片的铺陈，包括背景在内没有纵深的感觉。这一时期又被称为“分析立体主义”，是毕加索的立体主义第一阶段的高峰。在 1911 年独立展上，立体主义在真正意义上发展成了一场声势浩大的艺术运动。分析立体主义最先使用在静物上。对桌巾、果物、花瓶等逐个地分析，转入线与面的结合；暂时忽略了其中的远近、立体感、阴影。毕加索又很自然地把塑型的艺术搬运到画布上，绘制了《费尔南德头像》，使人似乎可以看到一个犹如真人的、立体的、有空间感的披纱裸女。

毕加索对于立体主义的结构分析技巧逐渐纯熟。这期间毕加索风格稳定，主题突出。在《弹曼陀铃的少女》《康维勒画像》《弗拉尔肖像》等画作中，多样的色彩已显然被忽略了，只留一种单一的颜色。随着对结构分析的深入探究，毕加索发现这一方法虽然能强有力地表现对象的结构和造型，但缺乏色彩的表现，极易导致造型上的死板、缺少灵性，这预示着他又将突破自己，进入新时期。

随着名气的提高，毕加索在经济上有了翻天覆地的变化。1909 年秋，毕加索在巴黎克利西街的一幢公寓找到了新居，感情生活也发生了变化。1912 年，毕加索与费尔南德 · 奥利维叶正式分手，认识了马尔塞尔 · 安贝尔，毕加索叫她伊娃。为表达对伊娃的爱意，毕加索创作了很多拼贴画。《椅子上的静物》是毕加索第一张拼贴画，标志着立体主义的探索从分析走向了综合。他在画布上粘贴一块印有藤椅纹路的画布，并装饰上一节真正的绳子，画面上有一片柠檬、一只杯子、一个烟斗和一枚贝壳，左边是三个大写的字母：JOU。毕加索根据构图，在画面适当的位置贴上剪裁好的各种实物，以综合实物材料来表现颜料和笔触无法达到的质感效果。这也使得绘画、雕塑、剪纸、版画等技艺高度集成，甚至波及建筑、工艺美术等多种艺术领域。毕加索大胆突破了油画固有的神圣感，颠覆了传统的美术媒介，其创作进入“综合立体主义”时期。

《亚威农少女》

立体主义的浪潮不仅使传统的美术创作受到又一次强烈冲击，艺术界的各种流行派别也都受到了挑战和启发。1910年，康定斯基、蒙德里安、马列维奇和波洛克等代表的抽象派开始兴起。第一次世界大战前后，以蒙德里安、杜斯堡等人为代表的“风格派”产生。同时，毕加索的立体主义还影响到诗歌、戏剧等文学领域。法国诗人阿波利奈尔最先从立体主义中汲取到创作的灵感，在文学界掀起了现代主义的浪潮。毕加索也因此成为“20世纪超现实主义绘画先驱”。

新古典主义的毕加索（1915—1924）

1915年12月，经艺术家埃德加·瓦列斯介绍，毕加索结识了法国著名诗人兼导演让·科克托。1916年3月左右，毕加索迁居到巴黎近郊蒙鲁日的比克特鲁尤古街22号。1916年5月，科克托带毕加索去见当时正在欧洲巡回演出的狄亚基列夫。受战争的影响，毕加索将艺术创作转移到现实主义的轨道上来。

1917年2月应科克托邀请，毕加索来到罗马，为科克托和萨蒂合作的舞剧《游行》进行舞台装饰、布景和服装的全部设计工作。在设计过程中，毕加索将立体主义和古典主义完美地结合起来。公演之后，毕加索的声名享誉整个欧洲艺术界。这次罗马之行，古希腊、罗马的古典主义艺术再次唤醒了毕加索的艺术灵感，立体主义的画风在古典艺术的熏陶下得以深化发展。艺术上的发展往往伴随着情感上的收获。毕加索和芭蕾舞剧团的女舞蹈演员奥尔珈相恋了。[①] 1918年7月12日，这段恋情有了结果，毕加索与奥尔珈在巴黎的俄国东正教堂举行了俄式婚礼，奥尔珈成为毕加索第一任妻子。

实际上，第一次世界大战结束后，立体主义就受到了普遍质疑，在画坛中逐渐失去了生命力。自1915年起，毕加索一边探索综合立体主义，一边创作具有写实意味的作品，逐渐放弃了纯粹的立体主义创作方法。直到1918年，在意大利之行和步入婚姻殿堂之后，他才突破了立体主义原有的局限，与古典主义融合，减弱了过于尖锐的棱角，表现出一种落落大方的格调。毕加索的艺术创作又进入了一个新时期——新古典主义时期。

从第一次世界大战结束到20世纪20年代初，毕加索的绘画主题多为人物，起初以芭蕾舞人物、戏剧人物及海边泳客等为主，后转为家庭生活、社会生活中的人物形象。1921年2月4日，毕加索的第一个儿子保罗降生，为此毕加索绘制了《母与子》系列。从这一年开始直到1924年，毕加索创作了一系列以奥尔珈和保罗为模特的画作。画作中母亲的形象淳朴、持重、丰满、朝气，孩子的形象则活泼、健康、富有生命力。这一系列画作，被认为是毕加索熟练应用古典主义与现实主义创作方法的产物。又如《泉水边的三位女人》（1921），表现了泉边或坐或站的三位女子，像三座

《母与子》

① 1915年，伊娃·果尔因病去世。

纪念碑一样富于质感，稳固而端庄。但这并不意味着毕加索放弃了探索，要记住，毕加索一生都未停止创作的探索。毕加索在创作具有浓郁古典主义风格的作品之际，还不忘继续他的综合立体主义画风的研究，创作了《三个乐师》——这三位音乐家以几何学的形式表现出来，这些几何面的相互交错，加上巧妙的色彩运用，产生了音乐般的韵律和节奏感，被认为是立体主义的缩影。

拒绝被“标签化”的毕加索（1925—1946）

20世纪20年代初，欧洲刮起一阵“达达主义”风，以反主流、虚无主义著称的达达主义迎合了战后欧洲人暂时性的心理需求。随着社会矛盾的急剧深化，达达主义开始瓦解。1924年，作家安德烈·布雷顿在巴黎发表了“超现实主义宣言”。布雷顿考察了到那时为止的所有画家的作品后得出结论，只有毕加索的作品超越了自己的界限。他把毕加索视为超现实主义的神圣典范，将其放在著名的超现实主义画家杜尚和造型艺术家皮卡比亚之上。而毕加索对此未做任何回应。因为他一直以来都拒绝被“标签化”，不愿意被简单定义为某种“主义”。虽然这一时期毕加索的确创作了许多“超现实主义”的形象离奇怪诞而又寓意深刻的作品。他以天马行空的幻想，将对象扭曲变形，在保持原有特征结构和生机的基础上，把躯体从一种形态转化为另一种形态。这一时期，他还热衷于雕刻和诗歌。

这一时期世界形势风云变幻，对毕加索的创作亦产生了巨大影响。无论其创作还是其人生，都与现实社会越来越近，开始探索艺术与社会的关系。就内容和形式而言，这一时期，毕加索的作品可以分为插图版画、立体主义人物像、造型艺术和历史画四大类。创作方法上则仍然不拘泥于某一种形式，无论是“超现实主义”或“表现主义”，他拒绝任何一种标签式的定义。

1925年，毕加索应邀参加了超现实主义者在皮耶鲁画廊举办的首届超现实主义作品展。毕加索的《三个舞者》描绘了三个极度变形的少女在强劲的音乐中起舞的场景。这幅画被认为是超现实主义时期毕加索的杰作之一。它既是立体主义的，又是超现实主义的。

1927 年 1 月，毕加索在巴黎豪斯曼大街上认识了立体主义创作时期的头号“缪斯”——玛丽·特利丝。从 1927 年到 1935 年，毕加索秘密地与特利丝同居，1935 年 10 月特利丝为毕加索生下了女儿玛雅。同年，毕加索与奥尔珈正式分居，但直到 1947 年才结束婚姻关系。与特利丝同居期间，毕加索创作了《镜前的少女》《沉睡的裸妇》《梦》《坐在红色靠背椅上的裸妇》《女神缪斯》等作品。其中，1932 年创作的《梦》成为毕加索最著名的画作之一。

1934 年，毕加索带着特利丝回到西班牙，走遍他曾学习、生活过的地方。此时，西班牙经济陷于瘫痪，国内矛盾加剧，人民处在法西斯势力的独裁统治之下。毕加索有感于祖国的困境和西班牙人民的困苦生活及顽强斗志，创作了“斗牛”系列——《密诺托尔之战》。这一时期，毕加索经常从西班牙神话中获取创作灵感。狰狞丑陋的牛代表着强权、战争和暴力，而被牛追逐压迫的马则象征着弱小的民族或人民。1936 年 7 月，弗朗哥在摩洛哥发动政变，西班牙陷入内战。第二次世界大战随即爆发。毕加索用《弗朗哥的梦幻与谎言》（1937）记录了这段战争的残酷与弗朗哥的残暴无情。1937 年 4 月 28 日，德国纳粹对西班牙北部巴斯库的格尔尼卡镇进行狂轰滥炸，致使两千多名平民无辜惨死。当时，毕加索正受西班牙共和国政府邀请，为即将举行的巴黎国际博览会绘制一幅壁画。毕加索听到这个骇人听闻的消息后义愤填膺，从 5 月 1 日开始，用一个月时间完成了这幅 27 平方米的鸿篇巨制。这幅集毕加索初期、立体主义、新古典主义、超现实主义等各时期之大成的巨制，是具有象征意味的史诗作品。此后，毕加索常以画笔作为武器来反对战争，表达对和平的渴望。

随着战争的白热化，战火蔓延到了世界的各个角落。无论是艺术家还是普通民众都难以幸免，毕加索的很多朋友都死于这场战争。《骸尸

毕加索自画像

所》是继《格尔尼卡》之后，毕加索又一幅控诉法西斯暴行的力作。画中大量表现了德国纳粹集中营里大屠杀的情景。1944 年 8 月，巴黎光复。1944 年 10 月 5 日，毕加索经作家埃鲁阿德和阿拉贡的介绍，加入法国共产党。他在声明《我为什么加入共产党》中说："加入共产党是我全部生活和全部工作的必然结果。我骄傲地声明，我从没有把绘画当作单纯消遣的艺术或是逃避。我想将绘画和色彩作为我的武器去深入了解世界和人，以便使这种认识一天天地越来越能够解放我们每个人……"①

继特利丝后，1936 年，毕加索又结识了年轻的摄影家多拉·玛尔。多拉拍摄了许多毕加索工作及生活的照片，为后人认识这位艺术巨人留下了珍贵的历史资料。这时毕加索的"双面人"技法理论进一步成熟，以多维同时表现人物的"动态性格"，彻底颠覆了人类的传统视野。此时，他的女人画像多以立体主义和超现实主义的手法来创作，如《帽子里的女人》和《女人和铃鼓》等。1943 年，毕加索生命中另一位"缪斯"——弗兰丝娃·姬洛出现了。在与姬洛相处的时间里，毕加索创作了许多石版画作品，绝大部分都是姬洛的形象，如《生之喜悦》。

毕加索的晚年（1947—1973）

1946 年，战后的欧洲重新沐浴着自由气息，百废待兴。毕加索的艺术创作进入一个安详、和谐又略带诗意与幽默的田园时期。同年 6 月，

① 西沐．东方视野中的毕加索[M]．北京：中国书店，2012：18.

毕加索在巴黎路易卡列画廊举办了“毕加索艺术50年”展览。这期间，毕加索先后迁居到地中海边的安蒂布和瓦洛里斯，开始享受和平环境下的家庭生活。希腊神话题材——半人半兽、半人半神、女神等在作品中构成了抒情的田园趣味，原有的立体主义、超现实主义和新古典主义变成了更趋写实的创作方法，突出了线条的动势和韵律，洋溢着平静的安乐气氛，如《坐着的女人》等。这一时期，毕加索还对制陶产生了浓厚兴趣。在瓦洛里斯，毕加索在拉米叶夫妇的制陶作坊中虚心学习制陶要诀，即兴创作。毕加索的陶器画以奔放的画笔表现了怪异、变形、装饰化的形象，打破了人们对陶器固有的美术观念、功用的限制，也达到了很高的艺术水平。瓦洛里斯也因而成为当时兴盛的制陶中心。

晚年的毕加索仍然保持着较高的创作热情，对外部世界也持续保持关注，也获得了更高的国际声誉。毕加索积极投身于国际和平运动中。1948年到1950年间，毕加索参与了华沙、巴黎、伦敦等地的世界和平大会，创作了《和平鸽》《飞翔的鸽子》等作品，并于1950年获得“列宁和平奖章”。1951年，朝鲜战争爆发后，创作了《战争的残杀》。1952年为瓦洛里斯创作了两幅大型壁画《战争》与《和平》，并无偿捐献给瓦洛里斯教堂永久保存。毕加索还以历代画家的名作为蓝本，创作了许多“变奏曲”式的作品。比如《阿尔及利亚女人》，即基于对德拉克洛瓦的《阿尔及利亚女子》、莫奈的《草地上的午餐》及库尔贝的

故居博物馆外景

《塞纳河畔的姑娘》的模仿。1956 年，毕加索“触电”了，客串了一次“演员”。著名导演乔治·克鲁佐以悬疑片的手法拍摄了纪录电影《毕加索的秘密》，并获得了 1956 年第九届戛纳电影节最佳影片奖。该片记录了毕加索一次作画过程。拍摄完成后，毕加索将拍片过程中创作的 20 余幅画作悉数毁弃，使该片更加珍贵，成为我们了解毕加索生活的珍贵史料，也让世人感受到了更多面的毕加索。1957 年，毕加索在纽约现代艺术馆举办了“毕加索 75 岁纪念展”。1960 年夏天，伦敦举办了毕加索作品大型回顾展，英国女王参观展览时说：“毕加索是本世纪最伟大的艺术家。”[①] 与其创作的高度热情同步，毕加索的感情世界也从来不冷清。1953 年后，毕加索与姬洛便逐渐疏远，与杰奎琳·洛克开始同居，并于 1961 年结婚，同年还进行了 80 大寿的庆祝。后来，毕加索以杰奎琳为模特，以《画家及其模特》为题，画了一百多张裸女素描。1966 年，毕加索在巴黎大皇宫及小皇宫举办了大型“毕加索作品回顾展”。1970 年，毕加索将西班牙家中保存的近 2000 幅早期作品捐赠给巴塞罗那毕加索美术馆。

但即使是天才的毕加索也阻挡不了死神的脚步，1965 年，毕加索在美国一家医院秘密进行了胆囊手术和前列腺手术，同时，他的视力明显衰退，耳朵越来越聋。毕加索感到挫折、愤怒与绝望，但是他不甘心屈从于衰老，他竭力抗争，工作成为他与死神抗争的唯一武器。有论者认为毕加索晚年充斥着绝望，燃烧着仇恨，他的创作以“愤怒”风格结束。[②]1972 年，毕加索画出了日渐枯竭的“可怕”的自己，这也是他最后一幅自画像。1973 年 4 月 8 日上午 11 时 45 分，毕加索在家中去世，享年 92 岁。

毕加索虽然从未到过中国，但是曾与“东方之笔”张大千有一面之

① 董诗兵．真实的幻觉：毕加索画传[M]．吉林：时代文艺出版社，2011：71．
② 参见王月瑞．毕加索画传[M]．海口：海南出版社，2008：304．

缘。1956年7月28日，张大千拜访了当时住在加利福尼亚别墅的毕加索。两位画家互赠画作，这次会面被当时的报纸称为“艺术界的高峰会晤”。素来脾气古怪的毕加索对张大千说：“纵观世界，说到艺术，第一是你们中国；其次是日本，当然，日本的艺术又根源于中国；第三是非洲的黑人艺术……所以，我感到奇怪的是，为什么那么多中国人、东方人要到巴黎来学艺术？”[①] 毕加索语出惊人，60多年前，这句话引起了画坛巨匠张大千对东西方艺术走向的思考，时至今日，这句话的含义仍然值得后人深思。

毕加索曾说：“绘画比我本人要强悍得多，是他鞭策着我”。[②] 他一生都被“绘画”鞭策，从来没有停止创作，直到临死前都没有放下画笔，他的表弟称他“具有战士的精神”[③]。这种精神注定了毕加索是现代艺术史上最多产、最具创新精神的画家。据统计，他的作品总计近37000幅，并且种类丰富，包括油画1885幅，素描7089幅，版画20000幅，平版画6121幅。他以高票当选为20世纪最伟大的10位画家之首。毕加索的意义已经超越了他个人及其作品，他是一个传奇。想要讲述毕加索漫长的、充满创作激情的一生不是一件易事，想要定义毕加索的艺术风格也很难，但不了解他的一生就很难理解他的艺术。作为画家，毕加索无疑是天才，毕加索是第一个在卢浮宫看到自己作品的画家，人们称他为“人类艺术史上罕见的天才”；作为一个人，他的私人生活却始终备受争议，他登峰造极的艺术成就并没有给亲人们带来幸福的生活，反而使他们的生活陷入悲剧：遗孀杰奎琳、为她生下女儿的情人特丽丝、孙子巴勃里多都是自杀身亡。

实际上，毕加索从来不愿意被人定义，也不在乎别人的定义。他曾说：“我从未考虑过后世的赞誉。我的一生为自由而活，并不断向往成为自

---

① 西沐．东方视野中的毕加索[M]．北京：中国书店，2012：90．
② 西沐．东方视野中的毕加索[M]．北京：中国书店，2012：47．
③ 董诗兵．真实的幻觉：毕加索画传[M]．吉林：时代文艺出版社，2011：292．

由的人，这使我对后人的评价毫不关心。”① 对于自己的作品，毕加索有句名言：“我的每一幅画中都装有我的血，这就是我的画的含义。”让我们在敬仰感叹唏嘘之余，沿着他的生命历程，去认识他的画，认识毕加索吧，这或许是对他最诚挚的敬意。

（撰稿：王晓冰）

参考文献

戴．毕加索传 [M]．唐嘉慧，译．南京：江苏教育出版社，1982.

董诗兵．真实的幻觉：毕加索画传 [M]．吉林：时代文艺出版社，2011.

蒋可．世界艺术大师图文版：毕加索画传 [M]．吉林：时代文艺出版社，2010.

考斯．毕加索 [M]．孙志皓，译．北京：北京大学出版社，2017.

潘罗斯．你必须回到斗牛场去：毕加索传 [M]．周国珍，译．北京：金城出版社，2012.

王月瑞．毕加索画传 [M]．海口：海南出版社，2008.

西沐．东方视野中的毕加索 [M]．北京：中国书店，2012.

① 西沐．东方视野中的毕加索 [M]．北京：中国书店，2012：18.

布莱希特

在德国柏林市东区 Chaussee 大街 125 号临近街边的位置有一扇其貌不扬的黑漆外门，门旁边的水泥壁上钉着一块已有些斑驳的铸铜板，上面刻着“In diesem Hause arbeiteten und wohnten”等一连串德文字样，似乎暗示着这扇门后的世界与众不同。这扇门后的面积不大的四层复合式楼房就是德国著名戏剧家贝托尔特·布莱希特的昔日居所。这位艺术家日常工作与生活的地方并不奢华，与其当时在国际戏剧舞台上获得的斐然成绩并不相称。

1953 年，德国政府为了表彰布莱希特对德意志民族戏剧所做出的卓越贡献，准备奖励他一套住房并请他自己选择。这处并不起眼的民居本身清幽古朴，透出一股内秀老成的气质，而且不远处便是多罗西区公墓，四周古木参天，被青松翠柏所环绕。这里寂静又肃穆，远离都市的纷杂与喧嚣，能为身为戏剧家的布莱希特与其身为雕塑家的夫人魏格尔提供安心创作的生活环境，因此布莱希特选择了此处,并在这里度过了他人生最后的 3 年时光。1956 年，布莱希特因心脏病发作，最终在这处住所卧房的小床上离开了人世，德意志民族的一代“戏剧之星”黯然陨落。布莱希特去世后，夫人魏格尔独居在此，直到 1971 年寿终正寝。虽然 3 年的时间非常短暂，但布莱希特却极其充分地利用了这段有限的时光，发展了德意志民族的戏剧事业。在此居住期间，布莱希特的工作与生活基本是围绕着凝聚了其大量心血、被寄予厚望的柏林剧团展开的。创作剧本、排练戏剧不仅是工作惯例，更是布莱希特的日常生活。

现如今，此处故居已成为德国柏林市知名的文化景点，每周定期对外开放，接受来自世界各地游人们的参观。故居的屋内依旧保持着布莱希特生前的布局，陈列着与之相关的物品。其中令人眼前一亮的是两幅中国传统艺术作品，一幅是题有“先师孔子行教像”的孔子像拓片，一幅是中国著名书法家黄苗子于 1954 年所赠的《录毛主席诗词：沁园春·雪》，由此可见布莱希特对中国文化的兴趣和热爱。故居经过几十年的洗礼，木质楼梯和地板已开裂，飘荡着老旧的气息。但是，柏林剧团至今还会定期在此上演剧目。这种绵延于时空、充盈在“旧”与“新”之间鲜活的对比反差，仿佛在某种意义上向世人诉说着“大家之家可朽，而大家之魂不朽”。

布莱希特是现代戏剧史上极具影响力的剧场改革者、剧作家及导演，被视为当代“教育剧场”的启蒙人物。德国当代文学批评家兰尼基曾评价他：“在德国文学的伟人祠里，布莱希特的位置高高在上。”① 由此可见布莱希特在德国文艺领域中举足轻重的地位。放眼国际，在世界“三大戏剧表演体系”即“斯坦尼斯拉夫斯基体系、布莱希特体系、梅兰芳体系”之中，布莱希特的名字也占据了一席之地。虽然现在关于这一“三大体系”的说法常常受到质疑，但不可否认的是，这依旧从某种程度上彰显出了布莱希特在世界戏剧舞台上巨大的影响力。他不仅是德意志民族的骄傲，也是世界戏剧领域的瑰宝。

---

① 芮虎．“恶人害怕你的利爪，好人喜欢你的优美”——流亡途上的布莱希特[J]．四川文学，2016（4）：152．

推崇“间离效果”的戏剧家

1898 年 2 月 10 日，布莱希特出生于德国巴伐利亚州奥格斯堡镇上一个较为优渥的资产阶级家庭，父亲是一家造纸厂的经理。1913 年至 1917 年，他在家乡读完了中学，随后进入慕尼黑大学学习文学，与此同时兼攻医学。布莱希特自幼年起便接受了良好的人文教育，并且天资聪慧。这些在年少时期所积累的相应知识储备，为他日后在戏剧领域取得非凡成就奠定了坚实的基础。

布莱希特是一位不折不扣的文人才子，一生致力于戏剧的创作实践与理论研究，除了《大胆妈妈和他的孩子们》《三分钱歌剧》《四川好人》等戏剧作品，还著有理论书籍《论实验戏剧》《中国戏剧表演艺术的间离方法》《表演艺术新技巧》等，这些都是他留给后世的宝贵精神财富与资源。除了戏剧艺术，他也喜欢写诗，喜欢用诗情画意来装点自己的生活。布莱希特将他全部的精力与热情都投注在了自己所钟爱的戏剧事业之中，他有一句名言是：“不要为已消尽之年华叹息，必须正视匆匆溜走的时光。”其实，这位戏剧大家从小便罹患心脏病。病魔潜伏在他的身体里，宛

布莱希特故居（德国柏林）

若一颗深埋水下的定时炸弹，表面看似风平浪静，却随时都有引爆的风险。后来，他终因突发心脏病而离开了人世。在布莱希特 58 年的人生光景中，活着就意味着是在和死神抢时间，珍惜当下、积极有为成为他的行动指南。关于他对时间豁达而珍视的态度，坊间流传的一个小故事，或许可以从侧面加以说明。布莱希特曾经遇到一位落单的小朋友，见其神情低落懊悔，便上前询问，方得知是这位小朋友不小心错过了与同伴原本约好的打棒球的时间。于是布莱希特安慰道："你现在在这后悔昨天的失约，又能改变什么呢？昨天的事已成定局，而你将今天的时光也浪费在后悔、懊恼上，就等于将今天的时间又给浪费了。你还不如赶紧去将小伙伴集中起来，趁着天黑，赶紧打球去。"①

在布莱希特之前，要谈论西方的戏剧传统，首先无法回避的便是亚里士多德在《诗学》中对"悲剧"所下的经典定义："悲剧是对一个严肃、完整、有一定长度的行动的摹仿；它的媒介是语言，具有各种悦耳之音，分别在剧的各部分使用；摹仿方式是借人物的动作来表达，而不是用叙述法，借引起怜悯和恐惧来使这种情感得到陶冶。"② 从中不难看出，亚里士多德所强调的是戏剧对生活进行模仿层面上的意义。在亚里士多德看来，演员应当化身为自己所扮演的角色，尽可能引起观众的共鸣，产生移情作用。因而在相当长的一段时间内，"演得像""能引起共鸣"几乎成了判断戏剧艺术价值标准的金科玉律。

作为一位拥有自身信条与准则的艺术家，布莱希特注定与众不同。他形成了自己独具一格的戏剧理论，其中的核心精神就是"间离"，亦称为"陌生化"。如果说亚里士多德以"悲剧模仿论"为代表的戏剧思想对整个西方古典戏剧发展产生了深远而持久的影响的话，那么布莱希特以"间离效果"为核心的戏剧理论，则对西方乃至中国的现代戏剧发

---

① 肖映菁．世界顶级名人给青少年的人生课[M]．福州：福建少年儿童出版社，2015：30.
② 廖可兑．西欧戏剧史（上册）[M]．北京：中国戏剧出版社，1981：33.

展进程产生了革新性的影响。

在布莱希特理想的戏剧时空中，演员、角色、观众各自有着独立的位置。一方面，在表演的角度上，演员应当在情感上与自身所扮演的角色保持距离，高于角色并驾驭角色。“为了产生间离效果，演员必须把他学到的能使观众对他塑造的形象产生感情一致的东西都放弃掉。如果不打算让他的观众沉迷于戏中，他自己得先不要处于沉迷状态。”他认为演员“一刻也不能完全彻底地转化为角色”，“他仅只要去表现他的角色”。[①] 为了达到“间离”的陌生化状态，布莱希特提出了三种辅助方式，一是采用第三人称叙述，二是语句多使用过去时态，三是兼读舞台指示和说明。也就是说，演员在演出过程中是一个“中间人”的身份，他既充当了行动元，化为戏剧中的角色，也充当了叙事元，能够随时跳出戏外，站在叙事者的立场上与观众展开交流。另一方面，从欣赏的角度来看，观众也应当超越戏剧所反映的表面现实，与剧中的人物、塑造的情境都保持相当的距离，秉持理性批判的精神，坚守一种出离于剧外的冷静与清醒。布莱希特反对亚里士多德式戏剧的共鸣，不喜欢观众在情感得以共鸣时所呈现出的散漫身体姿态。他认为，在亚里士多德式戏剧共鸣的状态下，人们在瞪着，却并没有看见，在听着，却并没有听见，只是呆呆地望着舞台。布莱希特清楚地认识到，对日常生活的麻木，容易让人们在不知不觉中隔离自己的感官，丧失独立意识与批判能力，如同行尸走肉一般生活着。正是因为认识到“熟悉”给人们批判性精神带来的危害，布莱希特将戏剧产生的“陌生化”效果视若至宝。他说：“日常生活中的和周围的事物、人物，在我们眼里是很自然的，因为我们对它已习以为常。对它们陌生化就意味着把它们放在一定距离之外去，细致地建立一套对习以为常的、从不怀疑的事件进行追究的技

① 彭万荣．表演辞典[M]．武汉：武汉大学出版社，2005：110.

巧。”[1]这与在西方现代文论史中占有重要地位的俄国形式主义文论所强调的“反常规”“陌生化”思想，具有异曲同工之妙，旨在唤醒人们重新体认在日常因熟悉而受到忽略的事物。

布莱希特所倡导的“陌生化”理论，就像是一柄在暗夜中闪着熠熠寒光的利剑，以对剧目技术层面上诸多反传统的要求，彰显着戏剧工作者矢志不渝的雄心与使命，那就是一种任重而道远的反叛，将人们从日常生活司空见惯的麻木状态中解放出来。虽然布莱希特一直强调“破除幻觉”，但并不等同于“否认幻觉”，完全排斥“感同身受”的合理性。他清楚地知道，无论何时，人们所亲身体验着的广阔而深远的社会生活，永远都是戏剧作品取之不竭的生命源泉。

呼唤和平的“流亡者”

故居庭院

在布莱希特颠沛流离的一生中，他不仅热衷于创作剧本和诗歌，沉浸于搭建自己空灵神圣的艺术王国，还行走于拥护和平、反对战争的最前列，是一位振臂疾呼的反战斗士。正如那句俗语所言，“罗马不是一天建成的”，布莱希特戏剧的艺术成就、主题风格也不是一朝一夕就固定下来的，而是在

① 范方俊．“陌生化”的旅程：从什克洛夫斯基到布莱希特[J]．中国比较文学，1998（4）：125．

相当长的时间内由个人经历、实践锤炼共同促成的结果。在第一次世界大战期间，他被派往奥格斯堡战地医院做护理员，因工作表现出色获得了伤兵们的信赖。1918 年德国十一月革命爆发时，布莱希特被推选为当地士兵委员会成员。在戏剧创作初期，布莱希特拥有的只是文学功底和对戏剧事业的一腔热血，年轻的他缺乏直接创作的经验。他想在戏剧中表现战争主题，以自己的方式阐释与解读战争，但或许是人生阅历尚浅的原因，彼时的他对战争的描写尚显稚嫩。新生代的青年还需要继续在生活的磨炼中成长，随后他返回慕尼黑大学完成学业。1922 年，布莱希特创作的剧本《夜半鼓声》在慕尼黑剧院上演，他借此斩获克莱斯特奖。一代大家初露锋芒。1924 年，布莱希特从家乡搬到了首都柏林，希望站在一个崭新的舞台上放眼远望更大的世界，而他也有幸成为柏林德意志剧院的顾问。从此以后，布莱希特经历了诸多苦难，对这个世界有了更为深刻透彻的认识。1929 年 5 月 1 日，德国发生了群众游行活动，当局向示威者开枪镇压，多人死伤，布莱希特也被卷入其中。他没有因此消极，反而认为这是促使自己进一步了解共产主义的重要契机之一。后来德国纳粹政权上台，因生性耿直不阿、反对专制淫威，布莱希特成了纳粹分子眼中的“危险对象”，开始生活在水深火热之中。1933 年，德国发生国会纵火案，为了生命安全，保存下希望的火种，布莱希特和家人一起离开德国，逃亡到苏黎世，后来又辗转至丹麦、芬兰、苏联、美国等地，被迫踏上了长达 15 载的漫漫流亡之路。

虽然流浪异国他乡多年，布莱希特却从未丧气沉沦、失去希望。在此期间，布莱希特了解了不同国家、不同阶层的社会生活，进一步深刻地体认到世间百态，这为他的戏剧创作提供了源源不断的素材和灵感。他反对战争，渴望回到祖国母亲的怀抱，并一直为之做着积极的努力。布莱希特全身心投入到关乎德国未来发展的戏剧实践中，大胆揭露战争给包括德国民众在内的全人类带来的创伤，以笔杆作枪杆，为广大人民奔走请命。除了向往和平、厌恶战争，他也极其反对德国执政者对民众所采取的文化压制，致力于用“教育剧”的形式促进社会的解放。虽然出身于富庶的资产阶级家庭，布莱希特却十分厌恶自己的阶级，这位富有理性的智者看清了这个群体中绝大多数人的面目：自私狭隘、道貌岸然。这在布莱希特所作的一首名为《理由充足的驱逐》的诗中有深刻体现：

> 我是一个富人的儿子。父母给我竖起衣领，并教我习惯被人服侍和使唤别人的艺术。然而当我长大成人，觉得我不喜欢本阶级的人，不乐意使唤，被人服侍，于是，我离开他们，与下层人们为伍。……他们警告我，还夺去我的劳动所得。当我的情况没有好转他们就驱逐我，……我所到之处，有产者避之不及，然而，无产者读了通缉令，却给我提供避难所。喂，我听说他们有足够理由驱逐你。①

布莱希特虽然讽刺虚伪的资产阶级，但绝非那种自命清高、不食人间烟火的文人，他从不掩饰自己对于金钱、政治等名利的追求。在布莱希特看来，积极地介入社会生活，尽可能地获取更大的话语主动权，既能够为民众服务，又可以施展自己的才华，这两者从来不存在矛盾冲突。而对于一个积极有为、倡导“入世”的艺术家而言，服务社会最好的方式就是通过自己的作品向大众传达自己的思想认识，在黑暗中为人们点亮启蒙之光。布莱希特致力于将日常生活中的阴暗面通过艺术加工暴露于戏剧舞台上，正如他的代表戏剧《三分钱歌剧》《四川好人》《高加索灰阑记》等，无一不对当时德国社会的战乱与丑恶现象进行了有力鞭笞，同时也为自己赢得了广泛赞誉。

自信坚定的“实践派”

布莱希特极其自信，甚至在某种程度上形容为“狂傲”也不为过。

---

① 芮虎．布莱希特流亡诗选译[J]．四川文学，2016（4）：147．

故居正门

早在童年时代，他便已显现出超越同龄人的独立与老成，不仅对时事有自己的见解，还经常将同学们组织起来，讨论文学与艺术的话题，颇具领袖风范。这份自信与坚定、这种奋发有为的实干精神贯穿他人生的始终。布莱希特讲话掷地有声，在涉及工作问题时更是如此。指导演员排练剧目时，他的要求异常严苛，可以说是认真到了极致。据他身边的人回忆，他们的工作常常都是在激烈的争论中进行的，每当这种时候，总会有演员因忍受不了布莱希特的指导方式而愤然离开他所在的剧院。虽然工作态度认真到近乎严苛，但布莱希特也尽力去营造一种积极互动与沟通的氛围，让每个人都能切实参与到思考和想象的过程中，充分调动工作伙伴们的主观能动性。

布莱希特一生都致力于戏剧理论的创新，推崇反亚里士多德式戏剧的“间离”效果，这让他在现代戏剧的发展历程中自成一派，占据了一席之地。与此同时，他的周围也有很多不同的声音，他要面对很多质疑。其中，最为著名的就是布莱希特与匈牙利现代文艺批评家、哲学家卢卡契两人在 1937 年至 1938 年的“表现主义之争”了。在卢卡契的眼中，布莱希特的戏剧充满了说教性，从根本上违反了艺术本质中的审美性，容易成为附庸于政治的批判工具。卢卡契认为“人的解放”学说才是马克思主义的首位，“人道，也就是对人的人性的热衷研究，属于每一种文学、每一种艺术的本质”[1]，“对文学来说头等重要的便是人”[2]。而布莱希特对于戏剧的认识，则是建立在阶级斗争和无产阶级解放理论的基础上的，他认为卢卡契脱离了“阶级”这一背景和前提，完全就是在空谈“人和人的解放”。两位艺术大家对同一问题的不同见解，从根本上来说，是两种马克思主义文艺观之间的争论与碰撞。虽然两位艺术大家都有自己的坚持，彼此之间的争论加剧了重重矛盾，但在布莱希特去世后，卢卡契还是对这位在生前与他狭路相逢的“冤家”给予了高度的赞誉，他认为“布莱希特才是真正的戏剧家，他的一生都在为了要改变戏剧的艺术形式和德国社会性质做着努力，他的坚持赢得了所有人的尊重”[3]。

布莱希特虽然出身于资产阶级，而且一生始终未加入无产阶级党派的队伍，但他对共产主义思想有着浓厚的兴趣和颇为深入的理解。1926年，布莱希特进入了柏林马克思主义工人学院，结合自身的创作实践，开始较为系统地研究马克思主义，并将其中的思想精华融入自己的艺术见解之中。布莱希特阅读了许多有关马克思主义理论的书籍，谈及马克思《资本论》或者毛泽东《矛盾论》等书中的内容，他都能娓娓道来。时至今日，在布莱希特故居的书架上，依然可以看到这类书籍的身影。布莱希特经过马克思主义理论的浸润，将其中相关的理论精髓融入自己的剧本创作中。1931年，他将无产阶级文学家高尔基的小说《母亲》进行改编，搬上了戏剧舞台。除此之外，“陌生化”理论内在所蕴含的批判精神，在某种程度上也正鲜活而生动地体现了马克思主义理论精髓中的辩证本质。布莱希特敬仰共产主义，但在面对危机时，他又是“灵活而机智”的。1941年，布莱希特经苏联的莫斯科、海参崴等地后前往美国，当时正值“反共”烟云弥漫在美国上空，布莱希特被活动调查

① 卢卡契．卢卡契文学论文集：第1卷[M]．中国社会科学院外国文学研究所外国文学研究资料丛刊编辑委员会编．北京：中国社会科学出版社，1980：282．

② 卢卡契．卢卡契文学论文集：第1卷[M]．中国社会科学院外国文学研究所外国文学研究资料丛刊编辑委员会编．北京：中国社会科学出版社，1980：335．

③ 朱万江．布莱希特传[M]．长春：时代文艺出版社，2015：107．

委员会传讯出庭，审讯他对待共产主义的态度。在后世流传的影像资料中，他不失尊严而又巧妙地回答了传讯委员会丢出的一个又一个诘难式的提问，他的智慧和从容可见一斑。流浪异国他乡多年，布莱希特从未停止思念自己的祖国，一心盼望早日归家。1947 年，他和家人终于返回了欧洲，自 1948 年起定居于德国。回国后的布莱希特坚持为人民奔走请命，积极投身于德国的戏剧实践。1949 年，在德国政府的资助下，倾注了布莱希特大量心血的柏林剧团正式成立。1951 年，因对戏剧事业卓越的贡献，布莱希特获得了国家奖金。

与中国文化的不解情缘

布莱希特一生未曾来过中国，但是他又与中国有着难舍难分的情缘。他的夫人海伦·魏格尔说：“布莱希特的哲学思想和艺术原则与中国有着密切的关系，布莱希特的戏剧里流淌着中国艺术的血液。”[①] 他不仅对孔子、庄子等中国古代思想家的观点以及毛泽东的社会主义思想颇感兴趣，也对中国传统的艺术十分喜爱。在流亡莫斯科之时，布莱希特观看过中国京剧表演艺术大师梅兰芳的演出，精美又蕴藏着古老东方智慧的传统戏曲深深震撼了布莱希特。受演出的启发，布莱希特写就《论中国人的戏剧》《中国戏曲表演艺术中的疏离效果》等文章。中国的戏曲艺术强调“程式”，“唱”“念”“做”“打”缺一不可，构成的是一套完整的表演系统，重视戏剧舞台呈现的外在形式美以及整台演出具有的不同于人们日常生活的仪式感；强调演员与角色、观众与演员都拉开适当的距离，保持独立理性的立场，进而产生一种具有陌生化的表演与观赏效果。正是在中国戏曲艺术所带来的灵感激发下，布莱希特的表演理论日臻完善。布莱希特的一生积极而笃定，坚持着自己戏剧理论的独特风格。

---

① 苏永旭．戏剧叙事学研究［M］．北京：中国戏剧出版社，2004：321．

文艺界的每一场争论都像是激烈的思想交锋，碰撞出不同的火花。游走其间的布莱希特雷厉风行，他常常像一个孤独的斗士。而古老的中国戏曲表演艺术，如梦如幻、生动鲜活，宛如一股清泉与一针强心剂，让布莱希特看到了自己终身推崇的“间离”思想在戏剧舞台实践上的又一重可能性与合理性。其实不单单是布莱希特从中国传统戏曲艺术中获益，反过来看，中国戏剧事业的发展也受到布莱希特戏剧思想作为一种理论资源带来的启发与补充。正是其对于陌生化理论的阐释与言说，让中国戏曲找到了重新认识并理解自身的思想武器，证明了传承千年的表演艺术古老而不落后、历久而弥新，极具个性的同时又与世界流行的戏剧潮流具有同频的一致性。

时至今日，在布莱希特的故居中，依然能够见到许多具有鲜明中国特色的元素。故居的书架上罗列着形形色色的书籍，除了席勒、莱辛等德国历代名家的经典著作外，来自中国等亚洲国家的文化典籍同样惹人注目，从中足见布莱希特涉猎之广泛。在书房内环顾四周，那幅横额题为“先师孔子行教像”的拓片作品分外引人注目，让这间位于德国别墅中的小小书房瞬间染上了东方的神秘色彩。

其实不仅仅是家居装饰中蕴含着中国元素，布莱希特对于中国传统思想文化的兴趣更在其戏剧的创作实践中有深刻的体现。布莱希特一生孜孜不倦地研究中国古代文化，范围涉及先秦哲学和历史、唐诗、元杂剧等。他常常把这种研究的心得体会，运用到他的文学创作之中。布莱希特对中国文化的喜爱由来已久。青年时代的他饱读中国诗书，也正是在这个时期，他接触了中国剧作家李行道创作的元杂剧《包待制智勘灰阑记》。布莱希特日后不仅创作了一部同名小说，1944 年流亡美国期间，更是与女作家贝尔劳合作写出了非常有名的《高加索灰阑记》。故事的创作得益于中国古老戏曲的启发，但作品的主题思想早已与原版颂扬“包拯巧用‘灰阑计’明断是非”的主旨相去甚远。在这部剧中，布莱希特将时空背景置换到了带有陌生色彩的高加索，并在保留原作关键情节，即“灰阑判案”这一场景的基础上，融合了其他剧目的相关内容。

这出戏的主体结构包括五幕和一个楔子，是一个典型的“戏中戏”，各个情节彼此呼应、紧密相连。楔子名为“山谷的争执”，讲述了卫国战争结束后，苏联满目疮痍、百废待兴，两个集体农庄针对位于高加索山谷战后废墟中的一块土地的归属问题产生了争执。在政府工作人员的主持和引导下，两个农庄进行协商，最终选择诉诸理性，将土地划归给能够更好地对之加以利用的农庄。争执得到了圆满解决，人们便请来歌手和乐队，上演了一出《灰阑记》，这出“戏中戏”继而徐徐展开。故事发生于格鲁吉亚封建时期，国家内乱，总督被贵族所杀，其夫人选择遗弃亲生儿子米歇尔仓皇逃亡。女仆格鲁雪心存善念，不惜冒生命危险带着米歇尔一起出逃并养育他。暴乱平息后，当初弃子的总督夫人为了能够继承遗产便想把米歇尔从格鲁雪的手里抢回来，而格鲁雪在这期间与米歇尔建立起了深厚的感情，她舍不得让出孩子，两人相持不下。法官阿兹达克介入判案，将米歇尔放在地上用石灰画的圆圈中，让两位母亲同时去拉这个孩子。生母总督夫人利欲熏心，并不在乎孩子的感受，为了能够继承遗产而用力拉扯他。而养母格鲁雪出于对孩子的关爱，心存不忍选择了放手。故事最后，法官阿兹达克虽然已经意识到两位母亲在与孩子的血缘关系上孰真孰假，但还是选择将米歇尔判给了不是生母却深爱着他的格鲁雪。歌手和乐队们通过演出这个“二母争子、灰阑判案”的故事，点明“孩子应当归爱护抚养他的人”，继而引出了“土地应当属于善于利用土地的人”，最终归旨于“一切应归于善待的人”的中心主题，从而使这出剧目的楔子与主体部分首尾呼应自成一统。透过《高加索灰阑记》这部作品不难看出，作为一名杰出戏剧家，布莱希特拥有极高的艺术造诣，他不仅对社会政治经济生活具有敏锐的洞察力，更拥有在中国传统艺术结晶的启发下，能够将社会的复杂现实用恰到好处的艺术形式加以展现的非凡能力。

布莱希特另外一部举世闻名的代表性作品是《四川好人》。单从题目中的“四川”便可以看出，这部剧必定包含不可或缺的中国传统文化元素。完全可以认为，此剧是布莱希特的创作实践深受中国传统文化影响最为生动的体现。1939年流亡瑞典期间，布莱希特重新开始着手创作前期已进行过构思的戏剧手稿。对此布莱希特工作日记中有一段文字记载："几天前我翻出了《四川好人》的手稿（始于柏林，名为《商品与爱情》），现存五场戏，其中四场可用。写这部作品跟打哑谜一样，因为其中有换行头、重新化妆的场面。不过我可以在这出戏里发挥史诗剧的技巧，最终重新回到规范上来。为抽屉写作是不需要许可证的。"①

布莱希特一生都没有踏上过中国的土地，《四川好人》也并不是这部戏剧最初的名字。在他所处的年代，欧洲流行着记载中国风土人情的传教士报道或是以中国的奇闻轶事作为素材而创作的小说，它们是备受当时欧洲高级知识分子推崇喜爱的读物。布莱希特通过这些书籍形成了对"四川"这一中国地名的认知，并在后来创作以中国为背景的戏剧时，将题目从《商品与爱情》改为了《四川好人》。布莱希特将故事的发生背景设置在"四川"这一带有东方异域气息的土地，对于广大的欧洲观

故居廊道

① 张黎.《四川好人》与中国文化传统[J]. 外国文学评论，2004（3）：116.

静候曙光

众来说，能够产生间离与陌生化的新鲜感，让他们在观看剧目时理智而清醒地观察舞台事件，进而做出判断，始终保持批判的立场。

据相关学者论证，《四川好人》的剧本原型是我国元杂剧作家关汉卿所创作的《赵盼儿风月救风尘》。《四川好人》这出戏在思想主题、刻画人物方面，都体现出布莱希特在创作时受到了孟子“性善说”的影响。孟子认为“人性本善”，“人性之善也，犹水之就下也，人无有不善，水无有不下”，人之所以会作恶都是受环境的影响，不得已而为之。这出戏剧的主题是三位神祇云游四方，来到四川寻找好人的故事。他们想帮助主人公——妓女沈黛改善生活，给了她一笔钱用于经营小香烟店。沈黛原本乐善好施、心地善良，但当店铺倒闭、自身穷困潦倒之时，沈黛不得不假扮表哥隋达剥削那些她曾经帮助过的穷人。沈黛从原本的好人变成了坏人，她的转变是被迫的。这正与孟子所宣扬的人性论思想具有一致性。当三位神祇发现他们在四川找到的唯一的好人沈黛也沦为坏人时，内心异常震惊，带着遗憾与无奈返回了天庭，将如何改变现状、传播真善美的问题留在了人间，待人类自己解决。除了在主题思想上借鉴了孟子的“性善说”，《四川好人》也引用了一些中国古代哲学中的文字与论点，比如《庄子·人间世》中关于“无用之用”的寓言故事就被布莱希特借用。这些点缀其间的引用，无疑增强了整部剧目的文采与哲理深度。与《高加索灰阑记》相同，《四川好人》在谋篇布局上也吸纳了中国戏曲元素。布莱希特在剧本之前加入了类似于元杂剧“楔子”的序幕，用于介绍沈黛、神祇等主要人物，铺垫情节，引出正文故事。与此同时，在演出中，这出戏的演员们也借鉴了中国戏曲中的无实物虚拟表演，吸引观众充分注意演员表情与体态等等，进而让其充分思考蕴藏在背后的社会批判意义。布莱希特对异域故事题材进行改造、将之为己所用的功力，可谓达到了炉火纯青的地步。应当说，他不仅是一位优秀的戏剧家，更是中西方文化积极的交流者与传播者。

流连情场的“浪子”

由于戏剧事业的成功，布莱希特名垂青史，但在私人情感领域，他又完全是一个不折不扣的多情浪子。在布莱希特的一生中,有多段感情，每段都爱得深沉和热烈。

1919 年，保拉为布莱希特生下了他的第一个儿子，虽然当时他们并没有结婚。这位年轻的父亲为男孩取名为“弗兰克”，以此纪念自己作为演员与朗诵家的偶像——弗兰克·魏德金德。后来，布莱希特又与形形色色的女人们交往，感情生活从来不会出现乏味单调的空窗期。他曾经写过一首诗送给其中一位情人玛丽·安，以之作为分手礼物，这首诗名叫《回忆玛丽·安》。在今天看来，这首流传后世的小诗是布莱希特与情人分开后对自己心境的刻画与记录：

那是蓝色九月的一天，我在一株李树的细长阴影下静静搂着她，我的情人是这样苍白和沉默，仿佛一个不逝的梦。在我们的头上，在夏天明亮的空中，有一朵云，我的双眼久久凝视它，它很白，很高，离我们很远，当我抬起头，发现它不见了。……而如果你问，那场恋爱怎么了？我必须承认：

> 我真的记不起来，然而我知道你试图说什么。她的脸是什么样子我已不清楚，我只知道：那天我吻了她。……[①]

在布莱希特的艺术生涯中，与之共同工作的女人往往都会和他产生情感上的纠葛。这个多情的男人曾在 1922 年 11 月迎娶了歌剧院的女歌手玛利亚·佐夫，但这段感情最终也以离婚而告终。作为一个有志气的青年，他与当时许许多多的人一样，渴望在柏林实现自己的理想。后来也正是在柏林，布莱希特结识了伴他度过余生的妻子海伦·魏格尔。虽然晚年有夫人相伴，但他的风流韵事也并未停止过上演。除去丈夫与情人的角色，生活中的布莱希特同时也是一位父亲。他众多女儿中的安娜·依奥博日后回忆起父亲写给自己的诗，认为字里行间都洋溢着一位平凡的父亲对女儿温馨的宠爱。另一位女儿巴巴拉也曾在面对媒体采访时，将布莱希特描述为“星期天父亲”，称她的父亲在日常工作之时专一又忙碌，但在周末，他总会抽出时间来陪伴自己的孩子，与孩子们交流讨论、一起思考，教他们聆听自己内心的想法。既是不称职的丈夫，却又是关爱孩子成长的父亲，身份转换之间的错位与不对等，让布莱希特在众人心中留下的形象越发鲜明立体，是非功过，皆留与后人言说。

结　语

1956 年 8 月 14 日，布莱希特因流行性感冒引发了心脏疾病离开人世，寿终于柏林的寓所里。按照他本人生前的遗愿，葬礼一切从简，不让别人瞻仰遗容，也不必在葬礼上组织演讲。这位身体力行的戏剧家，最终平淡地走完了自己跌宕起伏的人生，即便是在告别人间的钟声敲响之际，他也要在纷繁的常规礼俗中保持一种特立独行。布莱希特最终

---

① 布莱希特．回忆玛丽安[EB/OL]．黄灿然，译．(2017-09-25)[2018-11-30]．http:// baijiahao.baidu.com/s?id=1579440697513003254&wfr=spider&for=pc.

布莱希特墓地

葬于毗邻柏林故居的多罗西区公墓，这里最终成为让这位漂泊半生的游子的灵魂得以安息的宁静港湾，他的妻子去世后与他合葬一处。布莱希特夫妇的墓地虽然与举世闻名的大思想家黑格尔斜对，但是偏居一隅，相当低调，仅仅立了一块不起眼的墓碑，没有任何其他装饰。唯一略显不同的是近处的绿地，因为绿地左下角镶了一块石碑，那是柏林政府为布莱希特夫妇立下以作纪念的，上面镌刻着：荣誉之墓。

纵观布莱希特颠沛沉浮的人生，旁人可以从多个角度定义他的身份。但当我们超脱于琐碎的尘世，立足于人类文明发展历史的宏观维度进行俯视之时，他最突出耀眼的标签无疑是“为戏剧事业奉献终身的艺术大家”。而“间离”与“陌生化”理论，更是布莱希特在终身不辍的戏剧实践中凝练出的思想瑰宝，具有划破蒙昧黑暗的力量，即使久经岁月的淘洗，也会永远在人类艺术的长河中散发着熠熠光芒。

（撰稿：姚超文）

参考文献

布莱希特. 布莱希特论戏剧 [M]. 丁扬忠，等译. 北京：中国戏剧出版社，1990.

布莱希特. 布莱希特作品系列：戏剧小工具篇 [M]. 张黎，丁扬忠等，译. 北京：北京师范大学出版社，2015.

范大灿. 两种对立的马克思主义文艺观——评卢卡契和布莱希特的分歧和争论 [J]. 外国文学评论，1990（3）.

范方俊. "陌生化"的旅程：从什克洛夫斯基到布莱希特 [J]. 中国比较文学，1998（4）.

廖可兑. 西欧戏剧史（上册）[M]. 北京：中国戏剧出版社，1981.

卢卡契. 卢卡契文学论文集：第1卷 [M]. 中国社会科学院外国文学研究所外国文学研究资料丛刊编辑委员会编. 北京：中国社会科学出版社，1980.

彭万荣. 表演辞典 [M]. 武汉：武汉大学出版社，2005.

芮虎. "恶人害怕你的利爪，好人喜欢你的优美"——流亡途上的布莱希特 [J]. 四川文学，2016（4）.

苏永旭. 戏剧叙事学研究 [M]. 北京：中国戏剧出版社，2004.

肖映菁. 世界顶级名人给青少年的人生课 [M]. 福州：福建少年儿童出版社，2015.

张黎. 《四川好人》与中国文化传统 [J]. 外国文学评论，2004（3）.

朱万江. 布莱希特传 [M]. 长春：时代文艺出版社，2015.

卡拉扬

雨连绵地下着，小城被笼罩在一片烟雨蒙蒙中，如诗如画，远处有琴声传来，随处飘荡的美妙音乐主宰着这座城市的灵魂。1988 年的春天，在这样的阴雨连绵中，“指挥帝王”卡拉扬与自己一手创办的萨尔茨堡复活节音乐节做了最后的告别。萨尔茨堡，这座奥地利西北部的城市，起初被人们熟知是因为 18 世纪那位享誉世界的音乐巨匠莫扎特。一个多世纪过去后，20 世纪的伟大指挥家——卡拉扬让这座建于峡谷之间的小城再一次成为爱乐人视野中的璀璨之星。

萨尔茨堡对于卡拉扬来说不仅仅是故乡，更是他古典音乐的启蒙之地、实现梦想之地和一生的庇护所。若不是这座音乐随处可闻的城市，卡拉扬或许不会一开始便坚定一生的信仰与追随；若不是这座对卡拉扬无比信任与呵护的城市，卡拉扬或许迟迟不能实现创办属于自己的音乐节的梦想。他在这里第一次举办自己的演奏会，第一次登上属于指挥家的位置，第一次拥有梦寐以求的音乐节，也在这里最后一次拿起指挥棒，画上人生的休止符。

时至今日，萨尔茨堡依然保留着卡拉扬生活过的印记。每年

卡拉扬故居（奥地利萨尔茨堡）

3 月底到 4 月初，由卡拉扬一手创办的萨尔茨堡复活节音乐节吸引着来自世界各地的音乐爱好者，这是一年中最热闹的时候。朝圣者们纷纷来瞻仰卡拉扬的旧居——一幢位于萨尔茨河畔的浅灰色建筑，这是他第一次睁开湛蓝眼睛打量世界时的家，是他敲下人生的第一个音符、哼出第一声旋律的起点。卡拉扬前往维也纳求学前的童年与少年时光都在这里度过。别墅前立有捷克共和国雕塑家安娜·高美创作的卡拉扬立式铜像，人们走近故居，在铜像前驻足，可以想象当年他在指挥台上站定时的翩翩风姿。

在 20 世纪古典音乐的舞台上，卡拉扬称得上是指挥界的一位“超人”，这位身材挺拔、神情笃定而投入、手势具有感召力的指挥家，带领世界顶尖乐团柏林爱乐乐团走过了 34 年的风风雨雨，以其对完美的不懈追求指挥出无数精妙绝伦的宏伟作品，丰富了现代指挥艺术，开拓了音乐的传播方式，同时作为唱片工业的缔造者之一，创造了古典音乐市场唱片销售的奇迹。卡拉扬以自己的才华开创了一个新时代，造就了 20 世纪音乐世界的“卡拉扬帝国”。

少年立志

1908年4月5日,在奥地利西北部城市萨尔茨堡的一座四层别墅内,未来杰出的指挥家——赫伯特·冯·卡拉扬呱呱坠地。由于生长在被誉为“音乐艺术中心”的萨尔茨堡,父母皆是音乐爱好者,因此从摇篮时光起,卡拉扬就与音乐相伴。卡拉扬的父亲是萨尔茨堡州立医院的主治医生,业余时间在管弦乐队演奏单簧管,尤其擅长低音单簧管。父亲经常参加莫扎特音乐学院交响乐队和萨尔茨堡州立剧院乐队的各种活动,还不时邀请邻人和朋友来家中举办家庭音乐会。卡拉扬的母亲则是歌剧爱好者,最喜欢瓦格纳的《女武神》。在卡拉扬很小的时候,家人们便总带他去维也纳看歌剧。尽管年幼的卡拉扬对歌剧似懂非懂,但是对于剧中的音乐情感的表达,这个生来便具有敏锐的音乐感受力的孩童早已有所领悟。童年时代的卡拉扬在奥地利音乐传统的浸染下,在家庭音乐氛围的熏陶下,展现出了惊人的音乐天赋和超群的音乐才能。时隔多年,卡拉扬在接受采访时回忆说:“我从父母那里第一次知道音乐是怎样演奏的,童年时代我就体验到,人们可以用非常不同的方式来演奏音乐。”①

哥哥沃尔夫冈练习钢琴时,心生羡慕的卡拉扬时常躲在角落里偷听,自己也试着在琴键上摸索。于是,从4岁起,卡拉扬就开始跟沃尔夫冈一起练习钢琴。9岁时,他在莫扎特诞辰庆祝会上出色地演奏了《D小调幻想曲》,随后又在萨尔茨堡公开演奏莫扎特的钢琴协奏曲和李斯特的《匈牙利狂想曲》。他凭借手指尖那精湛的技术弹奏出优美的旋律,不久在萨尔茨堡便成了颇有名气的天才音乐少年。除此之外,他还参加了萨尔茨堡教堂合唱队。这段经历使他日后在领导维也纳合唱团时得心应手,并在指挥生涯中将合唱团作为自己“一只延伸的胳膊”和“音乐

---

① 卡拉扬.卡拉扬自传[M].许昌菊,译.北京:人民音乐出版社,1992:4.

演出的理想工具”。①

音乐演奏让卡拉扬感到快乐，音乐理想也逐渐在他的心中扎下了根。随后，卡拉扬进入萨尔茨堡莫扎特管弦乐团学习钢琴。他想当钢琴家，渴望成为音乐人。然而，当他一心想要投身音乐时，20 世纪二三十年代的失业危机令卡拉扬的父母不得不从现实角度考虑，希望他能够找一份稳妥的工作。母亲想让他当一名银行职员，父亲则敦促他去学一些实用的东西。卡拉扬听从了父亲的安排，决定到维也纳工业高校学习工程学。一年后，对于音乐的热爱让他意识到自己无法离开音乐，于是重新在维也纳踏上了学习音乐之路。尽管卡拉扬最终放弃了实用的技术学习，但是一年的工程学学习，让他此后一直对各种新技术都充满兴趣，总是设法了解新发明和新思想，这使得他后来能在音乐传播形式的革新上一直走在最前沿。不幸的是，在这个已经具备成为一名钢琴家所需要的一切才能的青年身上，梦想再一次破灭了。由于每天四到六小时的刻苦练习，卡拉扬得了严重的神经炎，食指和中指之间的肌腱严重受伤，通往钢琴家的路难以为继。然而，塞翁失马，焉知非福。命运在为他关上一扇窗的同时，却打开了一扇更敞亮的门。卡拉扬的维也纳钢琴老师霍夫曼得知他的情况后，建议他去考虑一下“指挥”这门课。自此，卡拉扬拿起指挥棒，把成为一名指挥家当作自己音乐生涯的新航向。

重新确立音乐航向的卡拉扬成了维也纳音乐学院指挥班的学生。当时教授指挥课的老师对怎么开展教学工作也没有头绪，因此卡拉扬在指挥课上未能得到太多直接的指导，只能依靠自学。于是他和同学成立了乐队小组，挤在歌剧院站票席上观察指挥，再聚在一起按照歌剧院上演的曲目排练，轮流指挥。对卡拉扬来说，这种实践学习比课堂上的指挥技巧与理论的讲解更让他获益。他一直确信，这是了解音乐的最好方法。很多年后，在面对求教的晚辈时，他也将此作为自己的指导方法——“我

---

① 卡拉扬．卡拉扬自传[M]．许昌菊，译．北京：人民音乐出版社，1992：4.

不能教他们如何指挥，我只能向他们展示，如何与一个乐队进行训练，而且要使乐队做到在后来的音乐会中无需指挥这一步”①。早年师从卡拉扬的日本指挥家小泽征尔曾提到，卡拉扬遵循这样的教学格言：“你可以将学生领到窗前，但绝对不能替他们描述所看到的景色。”②

卡拉扬的维也纳学生时代让他积累了音乐上的知识与经验。1928年12月17日，在维也纳音乐学院毕业班演奏会上，他在院长弗朗茨·施密特和全体教授面前再一次展现了自己的指挥才华和音乐技巧。他争取到指挥演奏会唯一一首交响乐作品——罗西尼的《威廉·退尔序曲》的机会。大家原本都认为，乐队在卡拉扬的指挥下演奏一遍便结束了，但卡拉扬发现，在他想要重点表现的快捷活泼的结尾处，管弦乐队没有跟上节奏，于是他停下整支乐队的演奏，让乐队各部分乐手单独练习，以较慢的速度花费了十几分钟进行排练。这一细节的处理让院长颇为满意。也正是通过这次的演出，卡拉扬摸索到了自己的风格，并开始慢慢知道用什么方法得到乐队里的音乐家和敏锐的观察家的认可。

离开学校，只是漫长职业生涯的开始。如何更清楚地知道自己是否能成为一个指挥家，如何开始自己的前程，该去哪里施展自己的音乐才华，这些都成了卡拉扬需要直面的问题。尽管在今天看来，萨尔茨堡这个古旧的小城不足以让卡拉扬施展理想抱负，一展宏图，但他还是将此地——自己的出生地、音乐天赋初露锋芒之地——作为自己担任乐队指挥的开始之地。

成名在望

1929年1月23日，年仅20岁的卡拉扬在萨尔茨堡第一次担任乐

① 卡拉扬．卡拉扬自传[M]．许昌菊，译．北京：人民音乐出版社，1992：13.
② 奥斯本．卡拉扬访谈录[M]．秦启越，译．北京：东方出版社，2004：9.

队指挥。从维也纳音乐学院指挥班毕业之后，卡拉扬非常渴望指挥一场真正的音乐会，但是对于初出茅庐的他来说，机会少之又少。于是在父亲和朋友的帮助和组织下，卡拉扬再一次与曾经担任钢琴手时合作过的莫扎特管弦乐队一起登上舞台，只不过这一次是以指挥的身份。

由于在外出求学前，卡拉扬作为“神童”在萨尔茨堡已经小有名气，这次音乐会自然引来了不少的关注和期待。呈现在观众眼前的节目单印着三首曲目：柴可夫斯基的《第五交响曲》，莫扎特的《A大调第23钢琴协奏曲》K488，理查德·施特劳斯的《唐璜》。20岁出头的卡拉扬，虽然是第一次担任乐队指挥，但已懂得要通过具有说服力和暗示性的手势来领导乐队。演出首战告捷，这位少年成名的青年靠着手中的指挥棒又一次赢得了萨尔茨堡的肯定与赞扬。当地新闻报道对这场音乐会赞不绝口，认为卡拉扬的指挥艺术“优雅精致，充满激情，带有音乐建筑的自然感觉，没有庸俗、空虚、夸张的东西”①。

机会不期而至。在这场音乐会的观众席中，恰好坐着乌尔姆市歌剧院的院长。演出结束后，院长向卡拉扬伸出橄榄枝，邀请他去剧院指挥乐队日常的排练。

同年3月2日，经过一个多月的排练，卡拉扬带着他在乌尔姆歌剧院指挥的第一部歌剧《费加罗的婚礼》再次登台，并与歌剧院签下了一年的演出合同，从此担任起乌尔姆歌剧院的管弦乐队队长兼指挥。这一份工作对于刚步入乐坛的卡拉扬来说，并不十分如意。乌尔姆是德国南部多瑙河畔的一座小城市，剧院非常小，舞台只有6米宽，管弦乐队和合唱队的成员寥寥无几。而卡拉扬的工作除了指挥演出以外，还要帮助歌手练习新唱段，排练合唱，处理杂事等。尽管条件艰苦，卡拉扬始终没有抱怨，全身心投入到学习和工作中，不断地练习、排练。“学习呀，

---

① 奥斯本．卡拉扬访谈录[M]．秦启越，译．北京：东方出版社，2004：48．

学习，对你听到或看到的一切什么也别说。闭上嘴，只是工作和学习！”[①]他总是这么告诉自己。乐队太小太弱，卡拉扬便不厌其烦地训练；合唱团歌手音乐素养不足，有的甚至不会读谱，卡拉扬便在钢琴边一遍一遍地教。每逢夏季，卡拉扬都会再次回到萨尔茨堡，那里有一年一度的萨尔茨堡音乐节，在音乐节上可以观摩大指挥家的排练和乐队的演出，积累经验以提高自己。乌尔姆的工作是单调乏味的，但卡拉扬一直坚持着从零开始学习的精神，他深知“那时候想要有人能认真地看上你一眼，你得先经过 15 年的艰苦训练”[②]。在乌尔姆歌剧院的 4 年时间里，卡拉扬总共指挥了近 40 部歌剧的演出，全部达到了熟能成诵的地步。即便在许多年后，这些歌剧中的大多数作品，他稍做准备便可登台指挥。

得与失永远是一对如影随形的连体婴。在卡拉扬任乌尔姆歌剧院指挥的第 8 个演出季结束的时候，乌尔姆歌剧院院长——那位曾经将他从萨尔茨堡邀请来的伯乐，解雇了他。理由是：能在乌尔姆学习的东西，他已经都学到了，现在他需要去其他地方继续提高，继续发展。彼时的

卡拉扬铜像

① 卡拉扬．卡拉扬自传[M]．许昌菊，译．北京：人民音乐出版社，1992：18．
② 奥斯本．卡拉扬访谈录[M]．秦启越，译．北京：东方出版社，2004：58．

故居侧门

卡拉扬非常沮丧与失落，因为他尚未找到合适的工作，而在德国的其他地方也没有空缺的职位。那是一个艰难的夏季，他行走于柏林各家经纪人处，常常要徒步几十公里，但几个月的奔波收获的都是摇头与拒绝，没有人愿意接纳这位来自萨尔茨堡的年轻人做乐队指挥。

在6月，卡拉扬终于得到了亚琛歌剧院院长来柏林的消息，并如愿见到了他。尽管当时亚琛的演出季节已经结束，不再聘请指挥了，但在卡拉扬的请求下，院长还是给了他一次指挥乐队排练的机会。卡拉扬追求节奏严谨、音符精确的排练态度，给院长留下了深刻的印象，他也因此被雇用。获得工作后的卡拉扬并未就此止步，半年后，他得到了亚琛歌剧院音乐总监的职位。时年27岁的卡拉扬，在德国音乐界担任这样的职位显得太年轻。福兮祸之所伏，伴随着这个职位而来的，还有地区纳粹党领导人的关注，他们对其就职提出要求，即卡拉扬在接受亚琛歌剧院音乐总监职位的同时，必须加入纳粹党组织，成为纳粹党员。在当时特殊的政治环境下，卡拉扬为保住亚琛歌剧院音乐总监的职位，接受了这个条件。而这也成为第二次世界大战后直至今天，卡拉扬不断受到责难和争议的主要原因。卡拉扬曾就此做出过解释：在历经数月的失业后，他竭尽全力才得到亚琛歌剧院的聘用，而音乐总监这个位置，对于年轻有上升欲的指挥来说，可以为了得到它而不惜代价。1942年，卡拉扬在与有着四分之一犹太人血统的妻子安妮塔·古特曼结婚后，便申请退出了纳粹党。也许正如理解卡拉扬的人所认为的，我们不否认艺术家应当有政治责任感，但我们从未经历过那个时代，我们不在困境之中，只是隔岸观火地批评似乎显得太过草率。

亚琛歌剧院音乐总监的职位的确为卡拉扬带来了颇高的声望。在亚琛歌剧院工作的这段时间里，卡拉扬迎来了职业生涯中的第一次巅峰，那时的他被誉为“德国最年轻的音乐总指挥”。自 1938 年起，卡拉扬开始同时担任柏林歌剧院的指挥，这使他不得不每周往返于柏林与亚琛之间。同年，卡拉扬得到了梦寐以求的机会——第一次与柏林爱乐乐团合作指挥音乐会，听众反响强烈。在随后的《特里斯坦与伊索尔德》演出成功后，人们纷纷开始将这位新崛起的年轻指挥家称为“神奇的卡拉扬”。与此同时，卡拉扬的录音事业以《魔笛》序曲为开端，就此起步。卡拉扬的工作日趋繁忙。繁忙在一定程度上意味着成就，意味着名誉、声望，也意味着他离理想的音乐至高殿堂更近了。

至臻完美

“二战”末期，由于参加过纳粹党，卡拉扬经历了一段等待战争结束的逃难生活和漫长的政治审查运动，难以获得演出机会。即便如此，维也纳音乐协会依旧选择保护和信任卡拉扬，并将维也纳爱乐乐团与维也纳交响乐团交到了他的手中。卡拉扬感激不已，更加清晰地意识到自己是多么热爱音乐事业。当政治的乌云逐渐消散后，卡拉扬的音乐生涯又再一次扬帆，而这一次的起航，带他驶向了更辽阔的音乐之洋。

世界上任何一个伟大乐团的成功都离不开杰出的指挥家，柏林爱乐乐团也不例外。1954 年，富特文格勒——卡拉扬的竞争对手，也是柏林爱乐乐团的前任指挥过世之后，柏林爱乐乐团任命卡拉扬为首席指挥。为了在自身与管弦乐队之间建立一种长期而有效的合作关系，卡拉扬提出签署一份终身合同。他说：“我愿意为柏林爱乐乐团付出一切，但作为回报，你们必须让我一生都拥有它。”[1] 自此，卡拉扬在柏林爱乐乐团

① 奥斯本．卡拉扬访谈录[M]．秦启越，译．北京：东方出版社，2004：97．

担任了长达34年的首席指挥，成为历届柏林爱乐乐团首席指挥中任期最长的一位。卡拉扬也不负众望，改进管弦乐队，进行战后重建。乐队无论在演奏还是在管理上，都焕然一新。在这个早已荣誉等身的德国乐团里，卡拉扬重新点燃了人们的热情，将柏林爱乐乐团一步步推向了音乐帝国的巅峰，而他也戴上了“音乐帝王”的桂冠。

卡拉扬特别重视演出前的排练。他回想起儿时的音乐会时，总会抱有强烈的不满。那时通常在音乐会开始之前，人们只聚集在一起排练一次曲目，然后便开始公演，效果自然不尽如人意。人们常常把“这首曲子我们熟悉啦”挂在嘴边，即使面对根本不熟悉的曲目也是如此。这种对待音乐演出的态度让卡拉扬非常厌恶。在亚琛时期，他在训练合唱队演唱贝多芬的《庄严弥撒》、巴赫的《B小调弥撒》等大部头作品时，每次首演前，总要反复排练六七十次。即使是熟悉的曲目，在每场音乐会前，卡拉扬也至少要排练四次。对于效果不理想的部分，他会在乐手结束相应段落后，对乐手提出批评。他几乎将所有时间都倾注在音乐上，也要求乐手们以令人生畏的时长来工作。卡拉扬认为，演奏应当追求尽善尽美，只有在长期准备下，经过细致的打磨，演出时才可以做到胸有成竹，把精力全部放在感受乐曲本身上。精心的排练还可以使乐曲在最终表现时，每个音符都做到清晰、不犹豫、不含混不清，更不囫囵吞枣。在这种情况下，演奏者们在演奏过程中才能够更好地发挥，自由地想象，轻松愉快地表现，而不是束手束脚，瞻前顾后。更重要的是，通过排练，卡拉扬认为他可以把自己的想法更好地传达给管弦乐队。熟能生巧固然重要，但卡拉扬的排练“诀窍”还在于每一遍的排练他都能发现新的需要改善、需要表达的内容，他不断提出更高的要求，不断让演奏趋于完美。

卡拉扬对于音质有着极高的要求。排练过程中，卡拉扬对每个演奏者的每个音的音质都会给予关注：是否应该更饱满一些？是否应该更厚实一点？是否不够积极？是否过于迟疑？他总能给出准确的判断。音乐制作人约翰·卡尔肖在描述卡拉扬录制《卡门》中Card一场时曾这样谈道：“从理论上说，似乎一切都无可挑剔——只有一些慢速的等距离

故居庭院

弦乐和弦的处理还不尽如人意，对此一个指挥十有八九都会将它们忽略过去。它们很容易演奏，演出继续进行，大家感兴趣的似乎只是演员的唱腔和歌剧的主题。这时我们看到了卡拉扬的非凡之处，你可以称之为天才、魔力或别的什么东西——他在这些简单和弦的处理上煞费苦心，力求得到弦乐适度暗淡的正确音色。”① 他在意别人不在意的部分，看重别人不看重的细节。

在控制音乐节奏的精确性方面，卡拉扬同样十分苛刻。比起音符演奏出错，节奏出问题会让他更加难以忍受。他认为在排练中，指挥的一项重要任务就是要求演奏者演奏音符，但这并不意味着要机械地按照节拍器的标准来演奏。作为一个指挥家，需要知道总体上使用什么样的节奏，具体到每个乐句上，应该给予什么样的节奏。这要求指挥家将乐曲节奏的内在稳定性与实际操作过程中的灵活性相结合。天生的节奏感和后天的刻苦训练，使得卡拉扬能够准确地对节拍速度做出反应，比如以110 拍速度行走，以 95 拍速度演唱，他都可以立即做到，这几乎是出于本能。因此，在管弦乐队中，表演者速度的失衡会让卡拉扬立马感觉不自在。卡拉扬对于节奏感的把握不仅限于音乐，生活中他喜欢开快车、自己驾驶飞机以及自己驾船航行。在对这些交通工具的操作中，他也总能找到一种寓于其中的节奏。节奏的存在给予他莫大的安全感，同时确保他不会在驾驶过程中出岔子。正如他一直相信的，找到一首乐曲正确

① 奥斯本. 卡拉扬访谈录[M]. 秦启越，译. 北京：东方出版社，2004：25.

的节拍相当重要，而找到个人生活的正确节拍更是如此。

精确的理性判断和超强的读谱能力是卡拉扬的过人之处。每排练一部新作品，他总会拿自己父亲行医的那般精准的态度来对作品进行剖析，对总谱进行深入的研究。他看重作品的完整性，认为解读乐谱是一个指挥家表达作品灵魂的关键。正如文学批评家在读者与作家之间架起一座桥梁一样，指挥家也在乐谱与演奏者、观众与演奏者之间架起这座桥梁。提琴手的乐器是手里的提琴，单簧管演奏者手里的乐器是单簧管，女高音的乐器是嗓音，而对于指挥家来说，他的乐器便是整个乐队。在乐队中，每个人都是个体，而乐队又是一个整体的存在。关于如何看待这个问题，卡拉扬做了一个比喻：就像天上成群的飞鸟，群鸟们按照同一意念前进飞行，没有明显的首领，但却配合得天衣无缝，极其优美。在卡拉扬看来，指挥艺术的最高境界也在于此：当自己成为乐曲的一部分时，自己其实不用再去指挥了。

除交响乐外，歌剧也是他热爱的艺术形式。在接手柏林爱乐乐团后，卡拉扬便带领乐队首次上演母亲最爱的歌剧作品——理查德·瓦格纳的《女武神》，突破了过去以演奏经典交响乐为主的表演内容，向歌剧世界进发。1957年，卡拉扬如愿担任了维也纳国家歌剧院的艺术总监。自儿时起，卡拉扬的母亲便常带他去维也纳看歌剧。在维也纳求学期间，他更是听遍了维也纳歌剧院举办的所有音乐会。入职维也纳国家歌剧院后，卡拉扬做出了一个大胆的决定——引进原文演唱的演出，而在此之前，维也纳歌剧都是译成德文后再进行演唱的。这一尝试，让人们欣赏歌剧的重点发生了

故居小窗

转变——不再注重词意，而去学着欣赏原文歌词优美的节奏与韵律。

在柏林爱乐乐团期间，卡拉扬建立了一个音乐基金会，来帮助培养将来指挥界所需要的音乐家。同时，对乐团的乐手们，卡拉扬给予他们丰厚的薪酬，让他们的乐器在品质上有最高的保障。对此，著名小提琴家耶胡迪·梅纽因曾撰文写道："卡拉扬可以跻身于伟大指挥家之列，但他不仅是个指挥家，还是人们的领袖。"①

尽管此时的卡拉扬已经拥有了优质的演出资源、杰出的合作团队，同时担任着柏林爱乐乐团首席指挥、伦敦爱乐乐团首席指挥、维也纳国家歌剧院艺术总监、维也纳乐友协会管弦乐队指挥、米兰斯卡拉歌剧院客座指挥等多个职位，但他始终讨厌官僚主义在音乐的世界中碍手碍脚，不喜欢服从政治家或管理层的命令，渴望在自由的条件下演出自己喜欢的歌剧。他的家乡萨尔茨堡——那个美丽而具有古典音乐积淀的城市给予了他支持，成为他的造梦工厂。1967 年，萨尔茨堡复活节音乐节成立。这个音乐节完全按照卡拉扬的想法规划，是属于他自己的，由他全权负责的。当年音乐节期间的 9 场演出，每场都是由卡拉扬亲自指挥，歌剧排演从演员的选取、灯光的设置、布景的安排到细节的打磨也都是由卡拉扬亲自指导。第一次的复活节音乐节大获成功。自此，萨尔茨堡的复活节音乐节年年都能够为来自世界各地的音乐爱好者带来一流的音乐盛宴。音乐节带动了地区经济发展，成了萨尔茨堡的新名片。

凡是值得做的，都值得做好；凡是值得做好的，都值得尽善尽美。卡拉扬在其音乐生涯中之所以能不断上升，不仅依靠他的信念、热情、勤奋、天资，还有赖于他的"完美主义"。只要他决定去做的事情，都会全力以赴，都会苛求完美，最终也都会以令人赞叹的方式成功呈现。指挥柏林爱乐乐团的每一场演出，培养乐队成员和领导乐队建设，成立自己的音乐节，这种种千头万绪的事情，卡拉扬都能以十足的精力面对，

---

① 奥斯本. 卡拉扬访谈录[M]. 秦启越，译. 北京：东方出版社，2004：103.

以极高的效率完成，以完美的姿态呈现。可以说，卡拉扬的“完美主义”使得他自身就是优质的保证。

尝试革新

深受身为医生的父亲的影响，加之曾经学习工程学的经历，卡拉扬对一切新技术和新鲜事物从不排斥。他的最后一任夫人埃列特回忆，任何新设备问世，卡拉扬必然是第一位尝试者，他甚至恨不得把这些新事物直接从实验室搬回家。

卡拉扬不仅在音乐、指挥方面成就卓著，在建筑方面也颇有建树。他和著名建筑师汉斯·夏隆共同设计了肯珀广场上的柏林爱乐音乐厅。因其特别的建筑造型和音响效果，爱乐音乐厅向来为人称道。整个音乐厅以舞台为中心，观众席围绕舞台，大小不一，高低有致，使观众从各个角度都能看到舞台上的表演者。在萨尔茨堡剧院的建筑过程中，卡拉扬也参与了设计，从观众席上可以看到整个舞台，音响效果更是无与伦比。

在音乐的传播方式上，卡拉扬也一直走在时代的最前沿。当人们还在为留声机里的声音是否能取代音乐厅里的声音这个问题争论不休时，卡拉扬便已意识到，技术的发展将会使音乐的传播不只局限于音乐厅中。卡拉扬将他的音乐传播目标放在更多的普通听众身上，他期望让音乐走近听众，让更多的人在他的音乐中收获感动与愉悦。

1938年，卡拉扬在柏林的城市歌剧院以录制《魔笛》序曲为开端，开始了自己的录音事业。那时的唱片录制条件不太好，录音带不易保存。而卡拉扬录音事业的真正展开是从1946年开始的。唱片生产商李格与卡拉扬在维也纳进行了第一次合作之后，对其赞赏有加，十分欣赏他的才华与精益求精的音乐态度，此后又与卡拉扬进行了深入的合作。凭着对音乐精益求精、力求完美的态度，卡拉扬在录音室中也颇费心思，不断寻求更高质量的音质，只要录音技术发生革新，他便要将之前录过的曲目再重录一次。仅贝多芬九大交响曲,卡拉扬就录了四个不同的版本。在他看来，每录一遍便有新的感受与体验，作品永远在不断阐释中，最满意的作品永远是下一部。卡拉扬一生中录制的唱片、录音带以及各类激光唱片等高达几百万张，销量过亿，垄断了世界唱片市场，创造了古典音乐唱片史上的奇迹。

然而，卡拉扬并没有满足于让音乐仅以声音的形式留下来。他雄心勃勃，在视觉艺术兴起之时，又开始了对音乐视觉化之路的探索，渴望将音乐形象化，加深观众对音乐的理解。起初，卡拉扬思索如何将音乐会搬上电影银幕。在与导演克鲁佐讨论后，卡拉扬认为，音乐电影不应该是复制一场演出，而应该从戏剧角度进行设计、策划。音乐电影通过对演奏者手部动作、脸部表情，甚至指挥棒的近距离拍摄，可以展现不同视角下的演出，从而让观众在获得听觉享受的同时，还能够获得视觉上的完美体验。除了拍摄管弦乐，卡拉扬将自己指挥过的歌剧也搬上了荧幕，如《卡门》《玫瑰骑士》《奥赛罗》等。音乐电影的出现，为当时杰出的乐队演出留下了影像资料，为后来音乐家们的演奏树立了榜样。卡拉扬成立了自己的电影公司，在其在世期间，他与他的团队总共拍摄

故居内景

了 40 多部音乐电影。如果说乐队是指挥家的延伸，那么卡拉扬可以说是历史上第一位把电影技术作为工作的一种整体上的延伸的指挥家。

对于新技术的热衷使得卡拉扬受到来自四面八方的非议，有些人认为他晚年只对技术感兴趣，而失去了对音乐本身的热情。但卡拉扬始终不曾忘记年迈的父亲告诉过他的一句话：“你可以学习各种技术，但从技术中抽离出来的是你作为一个人所能呈现的东西。永远不要忘记你不是在一个没有生命的物体上动手术，而是在一个活生生的肉体上动手术。”①

与乐终老

能与音乐相伴终生的人，已经得到了上帝可以给予的最大的恩赐。始终使自己处于忙碌状态中的卡拉扬直至晚年，还依然带领乐队巡演，指挥大型音乐会，组织音乐节，排演音乐电影。可以说，音乐伴随了卡拉扬的一生。1982 年，在纪念柏林爱乐乐团成立 100 周年的音乐会上，卡拉扬凭借指挥古斯塔夫·马勒的《第九交响曲》，使其音乐事业达到前所未有的高峰。

生活不像耕过的田野那样一马平川。由于卡拉扬的背部在 12 岁时从高处跌下受了伤，后来又在滑雪等运动中受损，因此卡拉扬晚年背部疾病多次复发，手术不断，饱受病痛的折磨。为了登上指挥台，他只得放弃热爱的体育活动，不能滑雪，更没办法爬山，驾游艇出海也成了奢望，就连每天坚持出门散步的习惯都不能保留。在排练的过程中，仅是走上指挥台的短短一段距离，卡拉扬都要拖着饱受病痛折磨的身体挪动 20 分钟之久。当他不能站着去指挥全场音乐会时，便请人在指挥台上做了一个扶手栏杆。

1986 年底，维也纳元旦音乐会邀请他担任指挥。79 岁的卡拉扬那

① 奥斯本．卡拉扬访谈录[M]．秦启越，译．北京：东方出版社，2004：174．

时正饱受病痛的折磨，甚至整夜难眠。但他在接到邀请时还是喜出望外，欣然应邀。接下来的三个星期里，他每天都要指挥6个小时的排练。1987年1月1日，卡拉扬登上了维也纳元旦音乐会的指挥台。当音乐响起的那一刻，他仿佛忘却了身体上的疼痛，全然将自己与音乐融为一体。方才虚弱颓唐的老人，瞬时精神饱满，充满激情，湛蓝的眼睛里依旧映照出一直以来对音乐最纯真的热爱，纹路渐深的脸上洋溢着沉浸在音乐中的快乐，不见一丝疼痛带来的愁苦之色。他站在指挥台上，感受着音乐的无限魅力，而人们通过他呈现出的音乐，又感受到指挥台上他的无限魅力。音乐会结束后，他转过身来，为人们送上新年的祝福，仿佛重新获得了力量。

1989年4月，卡拉扬辞去柏林爱乐乐团常任指挥职务。同年7月16日，在萨尔茨堡郊区的家中，卡拉扬在妻子的陪伴下，安静地离开了人世，享年81岁。卡拉扬与音乐相携同行的一生至此画上了休止符。

卡拉扬始终坚持这样一个观点：一个人的生活唯有充满音乐，尤其是世界音乐殿堂中最伟大的音乐，才称得上是完整的生活。少年成名、极具音乐天赋、智力超群的卡拉扬在面对音乐时总有着他人罕能企及的心无旁骛。作为工作狂与排练狂，追求完美的卡拉扬常常早晨四点起床研究乐谱，熟记演出过的歌剧和交响乐，努力探寻更好的音乐呈现效果。生活规律、自律、自制力强是人们在评价这位名满世界的指挥家时常提到的词。卡拉扬不抽烟、不酗酒，始终过着有规律的生活，坚持散步、游泳、练瑜伽。不善言辞、沉默寡言的卡拉扬从不热衷于社交。在媒体活动中，他与公众舆论和评论家保持距离，始终追求私生活的绝对平静；在个人生活中，他喜欢崇山峻岭，不喜都市的繁华喧嚣，并将表达与时间全都倾注于音乐。

指挥家小泽征尔在求教于卡拉扬期间曾这样感慨："卡拉扬这个人，就好像他那指挥棒上有什么法术似的，竟能在顷刻之间把所有的观众都

故居外景

吸引住。”[①]是啊，在他的指挥棒下，我们能够感受到磅礴的气势；在他的乐队中，我们能够听到透亮的音色；在他站定的指挥台上，我们能够看到他用热情洋溢的指挥感染听众；在他深邃的湛蓝眼眸中，我们总能捕捉到他的果决、坚毅以及对音乐的忠诚。

卡拉扬作为一个符号不止意味着跟随新技术与时俱进，更意味着对至臻艺术的坚守与创新。

（撰稿：王韵）

① 小泽征尔．指挥生涯：我的游学随笔[M]．范禹，钟明，译．上海：上海文艺出版社，1981：138．

参考文献

奥斯本. 卡拉扬访谈录 [M]. 秦启越，译. 北京：东方出版社，2004.

bilibili. 指挥大师卡拉扬专题纪录片：至臻完美 [OL]. [2014–07–21]. https://www.bilibili.com/video/av1311501?from=search&seid=3778709878178947408.

卡拉扬. 卡拉扬自传 [M]. 许昌菊，译. 北京：人民音乐出版社，1992.

卡拉扬. 与卡拉扬相伴的日子 [M]. 黄冰源，译. 上海：上海远东出版社，2010.

帕斯卡. 卡拉扬的音乐人生 [J]. 王志成，译. 音乐生活，2016（9）.

小泽征尔. 指挥生涯：我的游学随笔 [M]. 范禹，钟明，译. 上海：上海文艺出版社，1981.

邑夫. 小泽征尔谈卡拉扬 [J]. 文化译丛，1992（1）.